轨道交通检修运维关键技术创新丛书

市域铁路车辆检修基地
工程设计与技术创新

李加祺　主编

西南交通大学出版社
·成　都·

图书在版编目（CIP）数据

市域铁路车辆检修基地工程设计与技术创新 / 李加
祺主编. 一成都：西南交通大学出版社，2021.2
ISBN 978-7-5643-7970-4

Ⅰ. ①市… Ⅱ. ①李… Ⅲ. ①铁路车辆 – 车辆检修 –
基地工程 Ⅳ. ①U279.3

中国版本图书馆 CIP 数据核字（2021）第 024632 号

Shiyu Tielu Cheliang Jianxiu Jidi Gongcheng Sheji yu Jishu Chuangxin
市域铁路车辆检修基地工程设计与技术创新

李加祺 / 主编

责任编辑 / 李芳芳
封面设计 / 何东琳设计工作室

西南交通大学出版社出版发行
（四川省成都市金牛区二环路北一段 111 号西南交通大学创新大厦 21 楼　610031）
发行部电话：028-87600564　028-87600533
网址：http://www.xnjdcbs.com
印刷：成都市金雅迪彩色印刷有限公司

成品尺寸　185 mm×260 mm
印张　15.5　　字数　387 千
版次　2021 年 2 月第 1 版　　印次　2021 年 2 月第 1 次

书号　ISBN 978-7-5643-7970-4
定价　236.00 元

《市域铁路车辆检修基地工程设计与技术创新》
编 委 会

市域铁路是指在经济发达、人口稠密的城市区域内，以区域内部某一大城市为中心，连接中心城区与卫星城之间，通常距离在 100 km 以内，采用"高密度、小编组、公交化"的运输组织模式，承担以城市通勤客流为主的短途快捷客运轨道交通方式，是城市综合交通体系的重要组成部分。2017 年 6 月，国家五部委联合发布了《关于促进市域铁路发展的指导意见》，加快市域铁路发展，提出至 2020 年，京津冀、长江三角洲、珠江三角洲、长江中游、成渝等经济发达地区的超大、特大城市及具备条件的大城市，市域铁路骨干线路基本形成，构建核心区至周边主要区域的 1 h 通勤圈，并在重点城市选择一批重点项目实施市域铁路发展示范工程。2019 年 9 月，中共中央、国务院印发了《交通强国建设纲要》，要求：构建便捷顺畅的城市（群）交通网，建设城市群一体化交通网，推进干线铁路、城际铁路、市域（郊）铁路、城市轨道交通融合发展，完善城市群快速公路网络，培育充满活力的市域（郊）铁路市场。

市域铁路与地铁相比，具有服务半径大、旅行时间长、运行速度快、服务水平要求高等特点；与普通铁路和城际铁路相比，市域铁路又具有站间距小、快速起停要求高、市区多地下、故障救援快、高峰小时行车对数多等特点。市域铁路的服务对象以远距离通勤为主，以通商、通学、购物、休闲、娱乐等交流需求的短途乘客为辅，客流具有潮汐现象。从运营上看，市域铁路有运行速度高、停靠方案多样、行车密度高的特点。市域铁路动车组也有特殊的性能要求，它需要既有高速动车组持续高速运行的能力，又具有地铁列车的起停能力。

随着城市规模的不断扩大，市域铁路已经成为大城市调整产业结构、引导卫星城发展、规划居民迁移、实现经济可持续发展的重要手段。东京、巴黎、纽约、伦敦等大城市在市区行政范围内除了修建地铁系统满足市中心区交通需求外，无一例外都修建了市域铁路来满足市中心与郊区之间的通勤、通学、商务、公务、旅游等客流需求。

市域铁路曾经在我国铁路运输中占有重要地位。20 世纪 60 年代末到 80 年代初，市域列车数量与客流量占同期铁路旅客列车数量、旅客发送量的 1/5。80 年代后，随后铁路货运量、长途客运量的急剧增长和公路交通的快速发展，使市域铁路客运逐渐萎缩，大部分市郊列车停运。随着我国城市化进程的加快，城市中心区人口越来越密集，现有主城区资源已难以承受城市快速扩张的负荷，市域铁路作为适应并支持城市发展的一种快速、大运量、公交化的交通方式再一次受到重视。

本书共分为六章。第一章介绍了市域铁路的概念和特点以及国内外市域铁路发展状况。第二章阐述了市域铁路车辆的类型与特点。第三章从基地功能及分类、基地规模设计、基地工艺布局、工艺流程仿真四个方面论述了市域铁路车辆的基地设计。第四章描述了市域铁路车辆检修关键技术及装备。第五章基于在建及已建成工程项目，讨论了市域铁路的工程设计及主要技术创新。第六章对本书进行总结，并展望了市域铁路技术的发展趋势。

本书依托中铁第四勘察设计院集团有限公司设计、建设的工程项目，对市域铁路车辆检修基地的设计、工艺、技术及装备等进行系统梳理，总结经验和教训，出版本书旨在与业内同行进行交流，以期进一步提高设计水平，进而推动我国市域铁路持续发展和稳步提升。

鉴于作者水平有限，书中难免有不妥及疏漏之处，恳请同行及读者批评指正。

作　者

2020 年 8 月

目录 CONTENTS

第一章 概 述

第一节 市域铁路简介

一、市域铁路简介

市域铁路是指在经济发达、人口稠密的城市区域内，以区域内部某一大城市为中心，连接中心城区与卫星城之间，通常距离在 100 km 以内，采用"高密度、小编组、公交化"的运输组织模式，承担以大城市通勤客流为主的短途旅客运输的快捷客运轨道交通方式。

根据国家标准《城市轨道交通技术规范》（GB 50490—2009）及行业标准《城市公共交通 分类标准》（CJJ/T 114—2007），城市轨道交通是指采用专用轨道导向运行的城市公共客运交通系统，包括地铁系统、轻轨系统、单轨系统、有轨电车、磁浮系统、自动导向轨道系统、市域快速轨道系统。长期以来，各地对市域快速轨道系统的称谓不统一，有市域铁路、市郊铁路、市域快线、都市快线等。中国城市轨道交通协会于 2013 年提出作为国家标准称谓的市域快速轨道，简称市域快轨，既明确了城轨交通属性，又形象反映了速度快的特点。

对市域铁路的定义，行业标准与各团体标准有所差异，主要的三种定义如下：

（1）行业标准《城市公共交通分类标准》（CJJ/T 114—2007）市域快速轨道交通（市域铁路）是一种大运量的轨道运输系统，客运量可达 20 万 ~ 45 万人次/日（一般不采用高峰小时客运量的概念）。市域快速轨道交通系统适用于城市区域内重大经济区之间中长距离的客运交通。市域快速轨道交通列车，主要在地面或高架桥上运行，必要时可采用隧道。采用钢轮钢轨体系时，标准轨距也为 1 435 mm，由于线路较长，站间距相应较大，必要时可不设中间车站，因而可选用最高运行速度在 120 km/h 以上的快速专用车辆，也可选用中低速磁浮列车进行技术经济比较。

（2）中国土木工程学会团体标准《市域快速轨道交通设计规范》（T/CCES2—2017）市域快速轨道交通（市域铁路）是一种主要服务于城市郊区和周边新城、城镇与中心城区联系，并具有通勤客运服务功能的中、长距离的大运量城市轨道交通系统，简称市域快轨。

（3）中国铁道学会团体标准《市域铁路设计规范》（T/CRS C0101—2016）市域铁路——位于中心城区与其他组团间、组团式城镇之间或与大中城市具有同城化需求的城镇间，服务通勤、通学、通商等规律性客流，设计速度 100 ~ 160 km/h，快速、高密度、公交化的客运专线铁路。行业标准和团体标准对市域铁路的定义对比如表 1.1.1 所示。

（4）中华人民共和国行业标准《市域（郊）铁路设计规范》（TB 10624—2020），市域（郊）铁路为都市圈中心城市城区连接周边城镇组团及其城镇组团之间提供公交化、大运量、快速便捷的轨道交通系统，是城市综合交通体系的重要组成部分。行业标准、团体标准以及国家标准对市域铁路的定义对比如表 1.1.1 所示。

表 1.1.1 行业标准和团体标准对市域铁路的定义对比

标准名称	行业标准《城市公共交通分类标准》	中国土木工程学会团体标准《市域快速轨道交通设计规范》	中国铁道学会团体标准《市域铁路设计规范》	中华人民共和国行业标准《市域（郊）铁路设计规范》（TB 10624—2020）
功能定位	一种大运量的城市轨道交通系统	一种大运量城市轨道交通系统	快速、高密度、公交化的客运专线铁路	公交化、大运量、快速便捷的轨道交通系统
服务范围	城市区域内重大经济区之间	城市郊区和周边新城、城镇与中心城区	中心城区与其他组团间、组团式城镇之间或与大中城市	都市圈中心城市城区连接周边城镇组团及其城镇组团之间
服务对象	中长距离客流	通勤客流	通勤、通学、通商等规律性客流	通勤、交通、出行等
最高速度	120 km/h 以上	120～160 km/h	100～160 km/h	100～160 km/h

《关于促进市域（郊）铁路发展的指导意见》提出至 2020 年，京津冀、长江三角洲、珠江三角洲、长江中游、成渝等经济发达地区超大、特大城市及具备条件的大城市，市域（郊）铁路骨干线路基本形成，构建核心区至周边主要区域的 1 小时通勤圈；其余城市群和城镇化地区具备条件的城市启动市域（郊）铁路规划建设工作。

2019 年 9 月，中共中央、国务院印发了《交通强国建设纲要》，要求：构建便捷顺畅的城市（群）交通网，建设城市群一体化交通网，推进干线铁路、城际铁路、市域（郊）铁路、城市轨道交通融合发展，完善城市群快速公路网络，培育充满活力的市域（郊）铁路市场。

二、市域铁路的特点

市域铁路相较于地铁、轻轨等其他城市轨道交通，具有线路、客流、运营以及车辆四个方面的特点。

（一）市域铁路线路特点

市域铁路从功能定位方面应属于城市轨道交通范畴，与城市中心区的轨道交通共同构建城市轨道交通网络。市域快轨可自成体系，相对独立运营，与城市中心区轨道交通接驳换乘，也可与城市中心区轨道交通互联互通。

而纵观国内外现有的城市轨道交通网络，市域铁路与城市衔接的形式主要有 3 种，如图 1.1.1 所示。

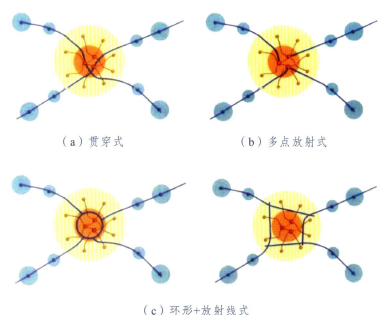

（a）贯穿式　　　　　　　　　（b）多点放射式

（c）环形+放射线式

图 1.1.1　市域铁路与城市衔接的形式

1. 贯穿式

穿越城市中心的市域铁路两端均连接城市的主要卫星城和对外交通枢纽。线路穿越城市一般在城市中心采用地下的形式，并与其他的地铁、轻轨线路有方便的换乘条件，在郊区采用地面线路，并且根据需要往往还延伸和连接了部分支线。穿越城市中心的市域铁路能够实现旅客的直达运输，最大限度地满足旅客的出行需求。巴黎 RER 线是这种线路形式的主要代表。既有的 28 条呈放射形的市域铁路以市内的 5 个火车站为终点，分别服务于不同的方向。后修建的 RER 线以地下线形式穿过城市中心区，连接贯通两端的市域铁路线路，建立了郊区与市中心区之间的快速通道，同时为乘客提供便捷的换乘条件。

2. 多点放射式

终止于城区中心形式的市域铁路一端连接了城市的主要卫星城和对外交通枢纽，另一端则终止于城市中心的车站。这样的线路形式能够实现城市中心与主要卫星城和对外交通枢纽间的便捷联系，满足旅客的出行需求，郊区乘客不需换乘可以直达市区，但是市域铁路直接进入市中心，建设成本较高。

纽约的市域铁路即为这种形式。纽约市域铁路的长放射网络主要以中心区的 3 个车站(纽约中央站、宾州站和大西洋站)为起点向长岛、纽约北部郊区和新泽西 3 个方向辐射，分别是长岛铁路、北方铁路和新泽西铁路，主要承担纽约市外围区和邻近地区居民至中心区上下班的通勤客流输送任务，在通勤高峰期发挥着重要作用。

长岛铁路是服务于美国纽约长岛地区的市域铁路，全长超过 500 km，拥有 124 座车站，由 2 条主干线和 8 条支线铁路组成，是北美地区最古老也是最繁忙的通勤铁路之一，年客运量约 8 100 万人，每个工作日的客流量超过 28 万人。

北方铁路是美国第二大通勤铁路，主要服务于纽约、康涅狄格州与北方郊区。哈德逊河将北方铁路分为西岸线与东岸线两部分，东岸线 3 条市域铁路均接入曼哈顿的纽约中央站，西岸线 2 条市域铁路接入宾州站和霍博肯站。

3．环形+放射线式

终止于中心城外围的市域铁路通常存在于具有城市轨道交通环线的网络中，其一端连接了城市的主要卫星城镇和对外交通枢纽，另一端则终止于城市轨道交通环线上。这样的线路形式有利于城市轨道交通的环线和市中心已有轨道交通线路功能的充分发挥，但郊区乘客需要在城市外围的市域车站换乘其他市区轨道交通进入市区。

日本东京的轨道交通线路是这种形式的代表。随着城市的发展，东京中心区人口逐渐减少，郊区人口逐渐增加，形成了商业区和居民区分离的城市空间结构。人口的郊区化直接导致通勤交通流的迅速增加，尽管东京市民小汽车拥有量很大，但轨道交通仍承担了东京都市圈内主要的通勤客流输送任务。东京具有完善的轨道交通网络，新干线主要承担东京与其他大城市之间的客流输送，市域铁路（包括 JR 线、私营铁路）承担东京都市圈内大量通勤、通学客流输送的任务。东京轨道交通总体布局为环线加放射线，山手环线与武藏野环线将地铁和市域铁路有机衔接，地铁线路大多布置在环线内，线路均从中心区向山手环线辐射，延伸到山手环线附近；东京私营铁路系统以山手环线为起、终点站，向外辐射，在山手环线上与城市地铁系统形成换乘。

此外，我国香港也采用这种形式，市区内以地铁为主导，由 6 条线组成；郊区以九广铁路为主导，九广铁路在香港辖区分为九广东线和九广西线，分别从东、西 2 个方向连接香港中心城区和北部郊区，除了承担香港至内地的长途客运外，更是郊区公共客运服务系统的骨干。

（二）市域铁路客流特点

市域铁路的服务对象以远距离通勤为主在城市郊区和与中心城日常工作、生活交往紧密地区，民众的早晚高峰时段出行需求最为迫切，所以市域铁路的服务对象以通勤乘客为主，以通商、通学、购物、休闲、娱乐等交流需求的短途乘客为辅。客流具有潮汐现象和明显的向心特点，早晚高峰更加明显。

1．客流组成

市郊线的客流有市郊到市中心的通勤、通学客流，城市之间的旅客出行。其中市郊到市中心的客流占主体，且相对稳定。

当市郊线投入运营后，由于其优越性，会吸引沿线出租车、公交车、私人小汽车和自行车等交通方式上的客流。为了极大程度地吸引沿线客流，市郊线必须做好和其他交通方式的换乘，而且轨道交通线路要成网络化运营。

2．客流时间分布特性分析

由于各区域的功能定位不同，其客流随时间的变化呈现 5 种形态，如图 1.1.2 所示。

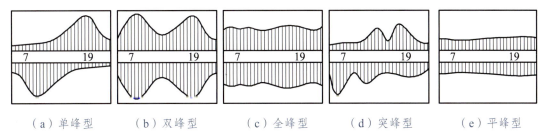

| （a）单峰型 | （b）双峰型 | （c）全峰型 | （d）突峰型 | （e）平峰型 |

图 1.1.2　市域铁路客流随时间变化趋势

此 5 种形态分别为单峰型、双峰型、全峰型、突峰型和平峰型，其中市域线路最为典型的客流形态是单峰型。

3.客流空间分布特性分析

城市轨道交通客流的空间波动主要包括方向波动和区域波动。方向波动指通道上两个方向间客流的分布差异，一般与时间波动相伴随。如早高峰由郊区至市区的客流需求相对较高，而晚高峰则相反。区域波动是指客流趋势差异而导致的分布差异，主要指中心城外围区沿线不同开发程度及与中心城区的联系密切度而引起的客流需求分布差异。

市域线客流区域断面变化与城市空间结构及城市总体布局有很大关系，并且受到轨道交通线网制约，大致分为 5 种形态，分别为凸起型、凹陷型、均等型、渐变型和不规则型，如图 1.1.3 所示。

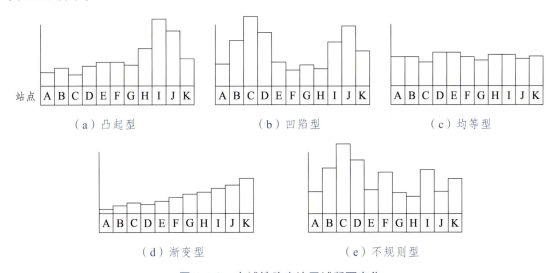

图 1.1.3　市域铁路客流区域断面变化

4.出行距离特征

市内出行距离较短，一般不大于城市半径。根据国内大多数城市调查结果，市内出行距离一般在 4 km 左右，而市域出行以市域范围中长途出行为主，乘客平均运距 15 ~ 20 km 以上。

（三）市域铁路运营特征

市域铁路服务范围覆盖城市外围区域，市域快轨主要服务于城市中心区以外且距大城市、特大城市和超大城市中心城区外 20～100 km 半径内的城市功能属性和经济属性一致的城市和城镇组团。其服务范围不局限于城市行政辖区，可涵盖核心城市周边与之经济、人口交流等较为紧密的区域。服务范围内居民的工作、生活具有同城化特征，即服务区域非指行政区域，而以居民交往联系的紧密程度及特征来界定。因此其运营具有以下特点。

1．列车运行速度较高，运营组织模式多样

运行速度具有较强优势，城市规模愈大，通勤范围愈大，通勤时间愈长。为提高城市都市圈的活力，宜缩短通勤时间。国外一些城市经验表明，主城和卫星城之间的通勤时间约为 1 h 时，更能吸引主城工作的民众和新增的居民在卫星城集聚。所以，市域快轨的服务目标应使通勤交通出行时间不宜大于 1 h。由于市域线路的线路较长、站间距较大，故市域线的旅行速度宜在 50～80 km/h，最高速度可控制在 100～160 km/h。

因为市域线路存在贯穿型、放射型等线路形式，故交路组织及列车停靠方案也非常灵活。

（1）交路。

各种交路对比及适用性如图 1.1.4 所示。

交路形式	交路图示	交路说明	适用性
单一交路	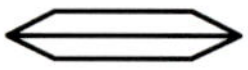	采用单一交路，列车在线路起、讫点间按最大需要开行贯通运行的列车	适用于全线客流比较均匀，基本无落差的情况
长短嵌套交路	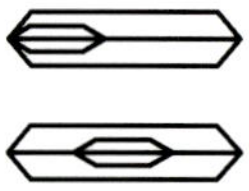	采用长短交路，可根据客流需要组织不同编组，不同开行对数的列车在各区段运行，以提高运营效益	适用于全线或区段高峰小时客流量不均匀，且断面流量在途中某处有明显的落差
衔接交路		采用分段交路，不仅可以组织不同编组、不同开行对数列车分段运行，相邻区段线路技术标准也可不一致	适应于分散多中心客流，沿线客流具有明显的区段特征的情况
交叉交路		采用交叉运行交路，交叉区段一般为市区段，运行列车最大对数	适用于郊区—市区的向心客流
组合交路	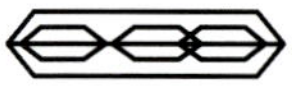	组合交路运营组织比较复杂，对车站设施配置和客流组织要求都较高	适应分散多中心型客流，沿线客流具有明显的分区段特征，可以开行分段独立运行，相互衔接换乘的组合运行交路

图 1.1.4 市域铁路交路对比及适用性

（2）列车停靠方案。

列车的停站方案总体上有两大类，即站站停方案和非站站停方案。非站站停靠运行方案又分为交错停靠和分段停靠两种，如图 1.1.5 所示。

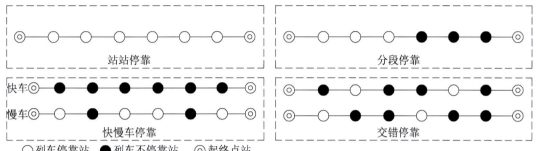

图 1.1.5　市域铁路列车停靠方案

> 站站停靠。

列车在全线所有车站均停车。运营组织不复杂，但存在如下问题：在跨区段、长距离出行乘客比例较大时，其车辆运用与服务水平均未达到最优。位于市区范围内的城市轨道交通线路，同一区段内的短途客流通常采用站站停站方案。目前国内的城市轨道交通基本采用此停靠方式。

> 交错停靠方案。

该类型的停站方案减少了列车的停站次数，乘客的旅行速度增加，旅行时间减少。同时也加速了车辆的周转，减少了车辆运用数，可降低运输成本，但会增加不停靠站旅客的候车时间。

> 分段停靠方案。

长交路列车在短交路区段内不停站通过，减少长交路列车的停站时间及起停车附加时间，提高了旅行速度。对于长距离出行的乘客来说，节约了出行时间，缩短了车辆运行周期，减少了车辆运用数和运营成本。但由于长交路列车在短交路区段内不停车，导致在不同区段间上下车的乘客增加了换乘时间。在行车量大的情况下，增加了运营复杂性。

> 快慢车停靠。

线路上开行两类长交路，即普速、站站停的慢车和快速、跨多站停的快车。快速列车只在线路的主要客流集散站停车，而在其他车站不停车通过。

列车停靠方案的确定取决于以下两个条件的比选。

> 线路客流条件。

采用何种停站方式首先取决于沿线客流的特点，根据客流分析，可得出沿线客流的特征，然后确定采用何种停站方式。如若沿线客流大部分属于通勤客流，通勤客流主要是满足市郊旅客上下班及通勤出行需要，对这类区域要采取站站停靠方案。若沿线客流大部分属于旅游及购物客流，可采取跨站停靠方案。

> 线路能力、服务水平。

采用非站站停站方案时，在压缩长距离出行乘客乘车时间的同时，会出现一部分乘客增加换乘时间或候车时间的情形。所以需根据 OD 客流定量分析计算长途乘客节约的出行时间与部分乘客增加的换乘与候车时间。此外在沿线客流比较均衡且客流量较大时，为充分利用线路的通过能力和满足各站之间的客流转换，建议采用站站停模式。

2．列车开行公交化，行车密度高

市域旅客出行的自身特点，以及高峰时段密集运输，决定了市域铁路线的列车开行原则上要求高密度、小编组，以方便旅客出行。

一般采用电动车组和节拍式运行图，严格按照节拍运行，提供高密度运行的公交化产品。特别是，按节拍开行可以给旅客带来极大的方便而起到吸引客流的作用，在城市内部的线路更为明显。比如，巴黎市域路网上列车运行的间隔时分，在平常根据列车运行的快慢分为60 min（直达运输）、15 min、10 min、5 min 四种，距离巴黎市中心 15 km 半径范围内，每15 min 发出一列车；距离市中心 30 km 半径范围内，每半小时发一列车；更远地区每一小时发一列车。高峰时间，列车数量根据运量需要确定，一般为低峰时的两倍，有时可达 4 倍，列车间隔时分可以缩短到 2 分钟。

（四）市域铁路车辆特点

市域动车组与高速动车组、城市轨道交通之间既有联系又有区别。它既需要有高速动车组持续高速运行的能力，又要具有地铁列车的启停能力。市域动车组应具备以下几个能力：

（1）长线路持续高速运行的能力：市域动车组在城与城之间运行需经历"站站停"和"大站停" 2 种运行模式，即市区内需要"站站停"，市区间需要"大站停"。其中"大站停"要求车辆以最高运行速度长时间持续运行。

（2）短站间距快启快停、频繁启停的能力：市域动车组在市区内行驶需要经历"站站停"运行模式，这就要求车辆具备在较小的站间距内快启快停、频繁启停的能力，在较小的站间距实现快启快停是提高平均旅行速度的保证，能有效提高运营效率。

（3）大坡道起动的能力：市域铁路线路坡道较多，坡度比较大，部分线路坡度可达到 30‰，这就对牵引系统的启动能力提出了严苛的要求。

（4）大载客量的能力：市域铁路介于干线网与城市轨道交通网之间，主要承担区域内城际间或大城市周边城际间的中短途客运，旅客人数多。为提高载客量，方便换乘，动车组应尽量减少部件数量，增大系统集成度，最大程度实现轻量化。大的载客能力意味着系统应具有大的功率水平，以搭载更多的旅客，应对早晚的客流高峰。

（5）其他能力：市域铁路动车组的牵引系统与高速动车组和地铁相比具有较强的适应性，它可根据不同的线路、运营工况，采取不同的设计方案，如受流系统可采用双流制，编组方式可以有 4 动 4 拖、4 动 2 拖、2 动 2 拖等，必要时还可以多组重联，满足不同牵引运输能力需求。

根据《市域（郊）铁路设计规范》，车辆类型应根据线路设计速度、客流量、运输组织、供电制式等因素综合比较选定，宜选用市域 A 型或市域 D 型车。与既有城市轨道交通、市域（郊）铁路、城际铁路、干线铁路资源共享时，也可选用市域 B 型或市域 C 型车。车辆的主要技术参数及性能对比见表 1.1.2。

表 1.1.2　市域铁路车辆主要技术参数及性能对比

名　称		市域 A 型		市域 B 型		市域 C 型	市域 D 型
供电制式		AC25 kV	DC1 500 V	AC25 kV	DC1 500 V	AC25 kV	
车体基本长度 /mm	无司机室车辆	22 000		19 000		24 500 或 25 000	22 000
	单司机室车辆	22 000+Δ		19 000+Δ		24 500 或 25 000+Δ	22 000+Δ
车体基本宽度 /mm		3 000		2 800		3 300	
车辆落弓高度 /mm		≤4 450	≤3 850	≤4 450	≤3 850	≤4 640	≤4 640
车内净高 /mm		≥2 100					
地板面高 /mm		1 130		1 100		1 280	
固定轴距 /mm		2 500		2 300		2 500	
车辆定距 /mm		15 700		12 600		17 500 或 17 800	15 700
每侧车门数 /对		3~4					
车门宽度 /mm		≥1 300				≥1 100	≥1 300
车轮直径 /mm		860		840		860 或 920	860
轴重 /t		≤17		≤15		≤17	
最高运行速度 /(km/h)		120~160	100~140	120~160	100~140	120~160	

注：1. Δ—司机室加长量。

　　2. 对于鼓形 A 型车、B 型车，其最大宽度分别不宜大于 3 100 mm、2 900 mm。

　　3. 对于区段不同供电制式的跨线运行线路，可采用 AC25 kV/DC1 500 V 双流供电制式车。

第二节　国外市域铁路发展概况

　　随着城市规模的不断扩大，市域铁路已经成为大城市调整产业结构、引导卫星城发展、规划居民迁移、实现经济可持续发展的重要手段。国外很多大城市在发展过程中十分重视市域铁路的规划和建设，其经验值得借鉴。东京、巴黎、纽约、伦敦等大城市在市区行政范围内除了修建地铁系统满足市中心区交通需求外，无一例外都修建了市域铁路来满足市中心与郊区之间的通勤、通学、商务、公务、旅游等客流需求。国外资料显示，地铁线路在整个交通网络中的比例很小，而市域铁路构成了交通网络的重要组成部分。例如，东京地铁系统网络全长约为 332.6 km，而由市区向外辐射出去的市域铁路总长约为 2 013 km；纽约地铁系统网络全长约为 368 km，而市域铁路总长约为 1 632 km；伦敦地铁系统网络全长约为 400 km，从伦敦辐射出去的市域铁路超过 3 000 km。由此可见，大都市一般是在核心区范围内规划建设由地铁与轻轨组成的城市轨道交通系统，而在市郊区域范围内规划建设市域铁路系统。

一、法国市域铁路

　　法国市域铁路服务于巴黎大区半径 70 公里范围，其平均站间距为 1.7~3.3 公里，市区站间距较小，郊区站间距较大，车辆最高运行速度一般不超过 140 km/h，在市区地下运行时限速 90 km/h。法国巴黎有 5 条市域铁路线（RER），分别为 A、B、C、D、E 线，覆盖市区和城郊全范围，全长 587 km。其中地下运行段长 76.5 km，主要集中在小巴黎地区（市中心平均半径 6 km 范围内）。巴黎市域铁路每条线路参数和运行车辆种类等信息如表 1.2.1 所示。

表 1.2.1　市域铁路参数表

项　目	A 线	B 线	C 线	D 线	E 线
营运公司	SNCF、RATP	SNCF、RATP	SNCF	SNCF	SNCF
营运里程/km	109	80	186	197	52
车站数量	46	47	84	59	21
平均站间/km	2.359	1.702	2.158	3.3	2.49
最高运行速度 /（km/h）	120	140	140	140	140
车辆种类	MS 61 MI 84 MI 2N	MI 79 MI 84	Z 5600 Z 8800 Z 20500 Z 20900	Z 5300 Z 5600 Z 20500	Z 22500

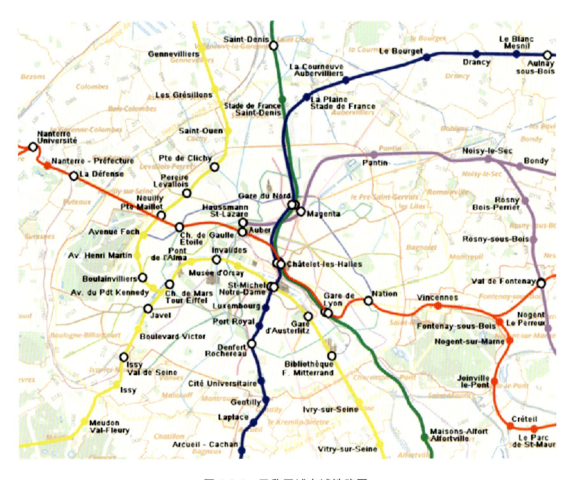

图 1.2.1　巴黎区域市域铁路图

　　巴黎市域铁路 A 线和 B 线贯穿城市运行，其市区段由巴黎自主交通管理局（RATP）负责运营，离开市区后由法国国家铁路公司（SNCF）负责运营，并交换司机，列车供电制式也由 DC1 500 V 自动切换成 AC25 kV。由于市域铁路 A 线的 5 条支线的列车都要经过市区，经过市区时共用 1 条线，因此列车高峰期间隔只有 2 min。此种运营方式具有更大的难度，不同于一条线路 2 min 发车间隔的运营模式。

　　表 1.2.2 列出了巴黎市域铁路客流量信息。

表 1.2.2　巴黎市域铁路客流量信息

线路名称	每日列车班次数量	平均日客流量 /（人/次）
A 线	580	1 000 000
B 线	540	600 000
C 线	570	455 000
D 线	440	550 000
E 线	430	210 000

　　法国巴黎大区市域铁路列车技术参数如表 1.2.3 所示，车内布置如图 1.2.2 所示。列车以双层车为主，车内座椅为 3+2 或者 2+2 布置，设置行李架，座椅靠背设置扶手。此外在过道门廊处还增设部分折叠式翻椅。

表 1.2.3　法国巴黎大区市域铁路列车技术参数

主要技术参数	车型						
	MS 61	MI 2N	MI 84	Z 20500	Z 20900	Z 5600	Z 22500
编组	3	5	4	4/5	4	4/6	5
最高运营速度 /（km/h）	100	120	140	140	140	140	140
载客量	约 210	约 261	264～276	—	—	约 222	约 267
供电制式/kV	1.5	1.5/25	1.5/25	1.5/25	1.5/25	1.5	1.5/25
车体宽度/mm	—	2 900	2 798	2 820	2 820	2 846	2 900
车体高度/mm	—	4 320	4 180	4 320	4 320	4 320	4 320
车组长度/mm	73 220	112 000	104 050	103 000/129 400	103 508	76 000/98 000	112 000
车组重量/t	148	288	208	229/273.5	245	212.5/294.5	277
额定功率/kW	1 600	4 500	2 480/2 824	2 800	3 464	3 000	3 200
转向架轴距/mm	—	2 450	2 400	2 400	2 400	2 400	2 450
车辆定距/mm	—	16 700	18 500	17 800	17 800	17 800	16 700
起动加速度 /（m/s²）	0.95	1.1	0.95	—	—	—	—

（a）MI2N 型

（b）MI84 型

（c）Z5600 型

（d）Z22500 型

图 1.2.2　法国巴黎大区市域铁路列车

二、德国市域铁路

德国市域铁路（S-Bahn）的运行线路穿过城市，连接城市外围的两端，主要用于大城市郊区通勤，其站间距一般为 5 km 以下，列车最高运行速度一般不超过 140 km/h，在市区地下运行时限速 90 km/h。德国柏林有 14 条市域铁路（S-Bahn），总长度为 327 km，其中市内长度为 250 km。柏林分为三个区：A 区为市中心，B 区延伸到城市的边缘，C 区为距离城市边缘 15 km 的范围。柏林市域铁路主要分为三大组：第一组包括 S3、S5、S75 线，主要为东西走向并在地面运行，在个别中心地段有高架轨道；第二组为南北走向，由 S1、S2、S25 线组成，主要在隧道内运行；第三组为环状，包括 S41、S42、S45、S46、S47、S8、S9 线路，在市区地面运行。有的 S 铁路驶出市区，成为郊区铁路的一部分。

德国市域铁路上运营的车辆是相对较慢的车辆，不管是小地方或城市里比较小的车站基本上都会停靠，发车间隔约为 1 小时，繁忙时约为半小时。市域铁路有多种供电制式，AC15 kV 具有代表性的电动车组和 DC750 V 电动车组主要技术参数如表 1.2.4 所示。

表 1.2.4　市域铁路列车技术参数

主要技术参数	车　型			
	420	423	424	BR480/481
供电制式	AC15kV	AC15kV	AC15kV	DC750V
编组	4	4	4	2（基本单元）
最高速度 /（km/h）	120	140	140	100
额定功率/kW	2 400	2 350	2 350	—
车组总重/t	153	129.3	137	57.2
最大轴重/t	—	—	—	11.7
车组长度/mm	67 400	67 400	67 500	36 800
座席数/个	192	192	206	94
站立乘客数/人	266	352	246	200
最大起动加速度 /（m/s²）	—	—	—	1.0
最大制动减速度 /（m/s²）	—	—	—	1.3

BR480/BR481 列车编组比较灵活，根据客流量，可以以 4 节编组、6 节编组以及 8 节编组运营。在 2 辆编组列车中，只布置了 1 个司机室，在另一端布置了 1 个调车操纵台。车辆每侧设置 3 扇电动塞拉门。设混合搭配的横向 2+2 座椅、纵向座椅。为了满足

个性化需求，车上还布置了 12 个座位的一等包房。另外，列车根据 EN15227 中 C-II 要求考虑了碰撞。BR480/BR481 列车编组（基本单元）如图 1.2.3 所示，外观如图 1.2.4 所示。

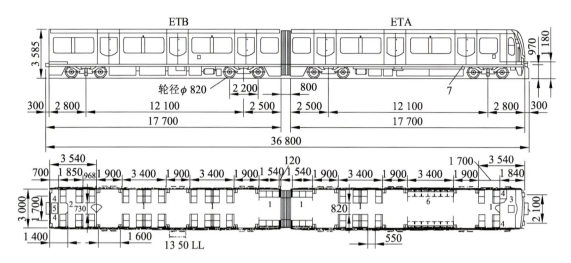

图 1.2.3　BR480/BR481 列车编组图（基本单元）

图 1.2.4　BR480/BR481 列车外观

三、日本市域铁路

在日本，由于没有对铁路的分类给予特定的定义，在此把"将衔接距离市中心 30～70 km 左右的郊外、最高运营速度为 100 km/h 以上的铁路，不包括最高运营速度 200 km/h 以上的铁路（新干线）"定义为市域铁路（见图 1.2.5 和图 1.2.6）。此类型的铁路并不是为了专用而专门建设的，是属于干线铁路的一部分或是作为城市轨道的延伸、扩充机能而建设的。所以，从技术上来看市域铁路位于新干线的延长线上。

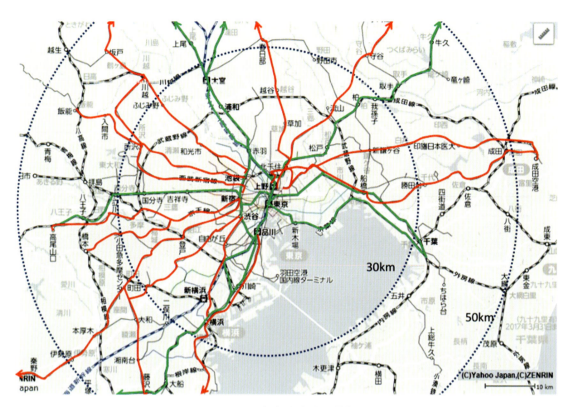

图 1.2.5　日本市域铁路（首都圈）

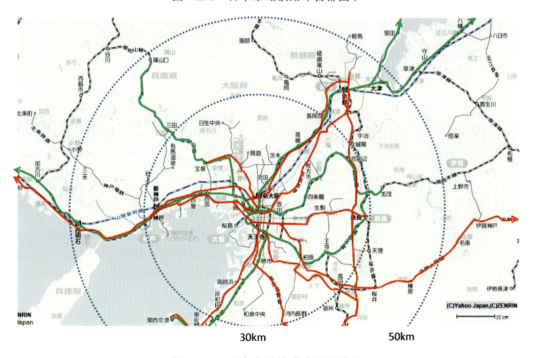

图 1.2.6　日本市域铁路（关西圈）

日本市域铁路的特征如下：

（1）强大的运送能力：使用车长 19～20 m 的车辆，8～15 辆车的编组，高峰小时以 2～3 min 的最小发车间隔运行。

（2）快慢结合的运行组织：高峰小时以外也以 10～20 min 间隔运行快速列车及各站停车的列车，列车在主要车站超越慢车并使各类列车之间相互接续，力图缩短各站到主要车站的时间；同时对需求特别多的线路实施复复线化建设，复复线可以较自由地组织超车，一般是复线，在某几个车站配置待避线，进行超越（见图 1.2.7）。

图 1.2.7　日本市域铁路运行组织

（3）与地铁互联互通：为了缓和终端车站的拥挤和提高便利性，在市中心与地铁互联互通，贯穿市中心与反方向一侧的市域铁路接轨直通运行，如图 1.2.8 所示。

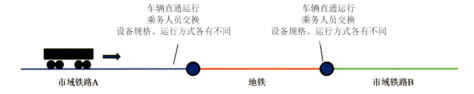

图 1.2.8　日本市域铁路与地铁互联互通

四、美国市域铁路

纽约 CBD 地区每天从外围各区域至中心区的通勤客流量很大，相应地建立了大量长放射网络市域通勤铁路，主要包括长岛铁路、大都会北方铁路和新泽西铁路。市域通勤铁路以中心区的中央总站、宾夕法尼亚站和霍博肯站 3 个车站为起点向长岛、纽约北部地区和新泽西 3 个方向辐射，半径超过 100 km。通勤铁路以长支线形式汇聚于中心区：长岛方向有 10 条支线，北部郊区有 3 条主线方向和 3 条支线方向；新泽西方向有 2 条主线方向；通勤铁路覆盖于整个大都市。由此可见，纽约通勤市域铁路主要服务于城市外围区域（如纽约的东部和北部），起到连接郊区与市中心的桥梁作用，主要采用铁路运营模式，同时为了满足多样化的客流需求，市域铁路采用了大小交路、快慢车混跑和开行跨站停列车等运营方式。纽约都市圈内的郊区城市化程度比较高，但人口密度又显著低于城市中心区。在这些区域，市域铁路长度和站间距介于国铁和地铁之间，在纽约都市圈交通服务中占有重要地位。

五、英国市域铁路

英国大伦敦市面积约 1 579 km²，人口约 800 万。伦敦大都市中心城内市域（郊）铁路总长 788 km（占 26%），平均站间距为 2.5 km，近郊区（50 km 交通圈）的市域（郊）铁路总长 923 km，平均站距约 3.5 km，远郊区（100 km 交通圈）的市郊铁路总长高达 1 360 km，平均站距约 7.5 km（见图 1.2.9）。伦敦市域（郊）铁路设计最高运行速度 120～160 km/h。伦敦市区交通十分繁忙，每天 7：00—10：00 的高峰时间有 100 万人要进入城市中心区，除 20 万人使用自备汽车外，80 万人要使用公共交通工具。

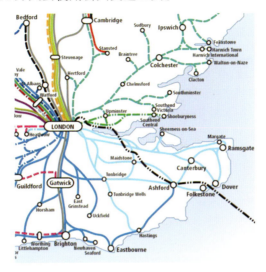

图 1.2.9 伦敦市域铁路

伦敦的发展规律表明，大都市区通勤出行时间一般为 1 h 左右，随着城市规模扩大，通勤交通体系除城市轨道交通、地面公交外，将主要以通勤铁路（市郊/市域（郊）铁路）为支撑。通勤圈范围将由中心城扩大到 50～70 km 半径的范围。

第三节　国内市域铁路发展建设概况

20 世纪 60 年代末到 80 年代初，市郊旅客运输在我国铁路旅客运输中占有重要地位，市郊列车数量与客流量占同期铁路旅客列车数量、旅客发送量的 1/5。80 年代后，随着铁路货运量、长途客运量的急剧增长和公路交通的快速发展，市域铁路客运由于服务水平较低、经济效益较差、站点与城市交通衔接不紧密，加之车次少、时间间隔大等原因逐渐萎缩，大部分市郊列车停运。随着我国城市化进程的加快，城市中心区人口越来越密集，现有主城区资源已然难以承受城市快速扩张引起的负荷。发展城市外围组团或周边辖属城镇，疏导中心区人口，形成主城+新城（卫星组团）的总体布局成为目前一些城市的主要发展战略。市域铁路正是适应并支持城市发展的一种快速、大运量、公交化的交通方式。目前，国内对于市域铁路建设主要采取三种模式：利用既有铁路开行列车、利用既有通道新建铁路、新建铁路。

2017 年 6 月，国家发改委、住建部、交通运输部、国家铁路局、中国铁路总公司五部委联合发布了《关于促进市域铁路发展的指导意见》（后简称《指导意见》）。《指导意见》指出：

市域（郊）铁路是城市中心城区连接周边城镇组团及其城镇组团之间的通勤化、快速度、大运量的轨道交通系统，提供城市公共交通服务，是城市综合交通体系的重要组成部分。加快市域（郊）铁路发展，对扩大交通有效供给，缓解城市交通拥堵，改善城市人居环境，优化城镇空间布局，促进新型城镇化建设，具有重要作用。当前，我国市域（郊）铁路发展相对滞后，有效供给能力不足，成为城市公共交通短板，在发展理念和体制机制等方面问题较为突出。

2019 年 2 月，国家发改委发布《关于培育发展现代化都市圈的指导意见》，要求以增强都市圈基础设施连接性贯通性为重点，以推动一体化规划建设管护为抓手，织密网络、优化方式、畅通机制，加快构建都市圈公路和轨道交通网，特别是提出打造轨道上的都市圈要求。提出统筹考虑都市圈轨道交通网络布局，构建以轨道交通为骨干的通勤圈。在有条件地区编制都市圈轨道交通规划，推动干线铁路、城际铁路、市域（郊）铁路、城市轨道交通"四网融合"。探索都市圈中心城市轨道交通适当向周边城市（镇）延伸。统筹布局都市圈城际铁路线路和站点，完善城际铁路网络规划，有序推进城际铁路建设，充分利用普速铁路和高速铁路等提供城际列车服务。创新运输服务方式，提升城际铁路运输效率。大力发展都市圈市域（郊）铁路，通过既有铁路补强、局部线路改扩建、站房站台改造等方式，优先利用既有资源开行市域（郊）列车；有序新建市域（郊）铁路，将市域（郊）铁路运营纳入城市公共交通系统。探索都市圈轨道交通运营管理"一张网"，推动中心城市、周边城市（镇）、新城新区等轨道交通有效衔接，加快实现便捷换乘，更好适应通勤需求。

市域铁路是伴随我国城镇化和区域一体化发展产生的新型轨道交通系统，在我国起步较晚，还属于探索阶段。目前，我国主要有北京、上海、杭州、宁波、温州、台州以及浙中城市群等均运营或规划市域铁路。

一、北京市

截止到目前，北京市郊铁路共计开通运营 3 条线路，共 216.9 km（市域内 181.6 km），设 12 座车站（市域内 11 座）。其中：

S2 线：2008 年 8 月 6 日通车运营。线路全长 108.3 km（市域内 73 km），设 6 座车站（市域内 5 座）。主线全长 64 km，起自黄土店站，途经南口、八达岭，终至延庆站；支线全长 44.3 km（市域内 9 km）自八达岭站向西，途经康庄，终至（河北省）沙城站。

城市副中心线：2017 年 12 月 31 日通车运营。线路全长 29.6 km，设 4 座车站。起自北京西站，途经北京站、北京东站，终至通州站。

怀柔—密云线：线路全长 135.6 km，设 6 座车站。2017 年 12 月 31 日，先期开通黄土店站至怀柔北站段，线路全长 79 km，设黄土店站、昌平北站、怀柔北站 3 座车站。

根据北京城市总体规划（2016—2035 年）提出至 2035 年，北京城市轨道交通网络不低于 2 500 km，由 1 500 km 地铁（含普线、快线等）网络与 1 000 km 区域快线（含市郊铁路）网络共同构成。

其中，地铁（含普线、快线等）主要服务城市半径 25 ~ 30 km 圈层区域；区域快线（含市郊铁路）主要服务城市半径 50 ~ 70 km 圈层区域。

目前北京正在编制《区域快线（含市郊铁路）线网规划》，根据初步成果，北京将规划建设 14 条，总规模 1 216 km。其中，利用铁路资源 11 条，共 841 km。如图 1.3.1 所示。

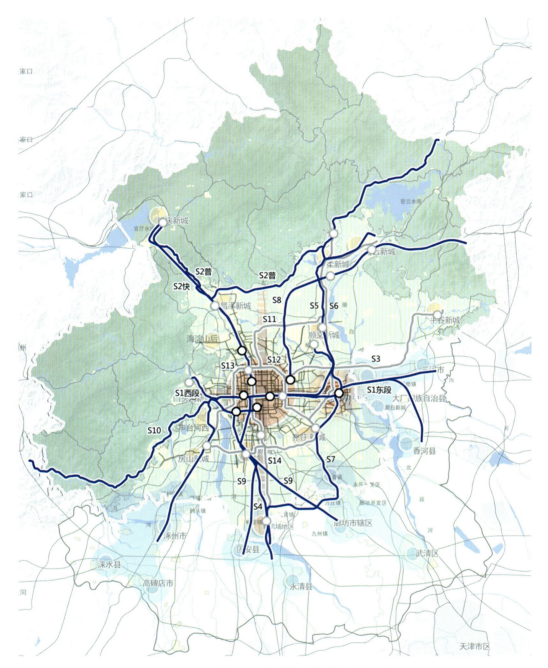

图 1.3.1 北京地区市域铁路线网规划方案图

二、上海市

将市域（郊）铁路与国家铁路网互联互通，连接中心城与周边新城及新城镇，连接主要交通枢纽，是满足市民快速出行的需要，是满足新城发展的需要，可构建本市完善的轨道交通网络，提升本市的综合交通规划。对于长三角邻近上海的城市通过一次换乘到达市中心不超过 90 min；上海周边城市通过一次换乘到达市中心不超过 60 min；新城与中心城、新城与邻近新城、新城与周边城市群之间 30 min 交通圈的市域（郊）铁路规划目标，符合市民快速出行的需求，符合社会、经济快速发展的需要。

根据《上海市城市总体规划（2017—2035 年）》，上海将形成城际线、市区线、局域线"三个 1 000 千米"的轨道交通网络，全市公共交通占全方式出行的比重达到 40%，力争实现中心城平均通勤时间不超过 40 min，基本实现 10 万人以上新市镇轨道交通站点全覆盖，如图 1.3.2 和表 1.3.1 所示。

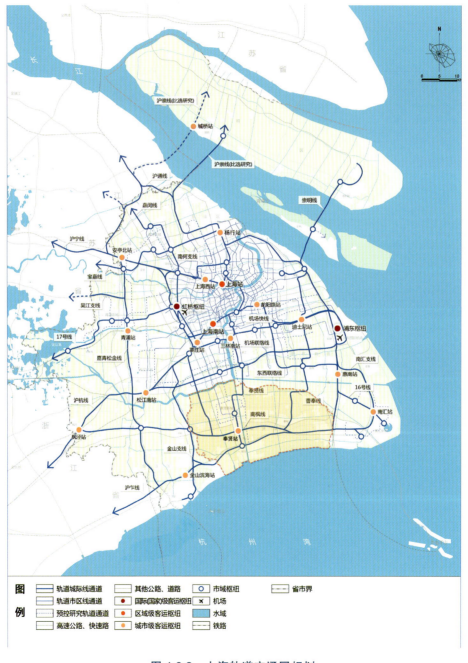

图 1.3.2　上海轨道交通网规划

表 1.3.1 上海市域线路规划一览表

类别	名 称	长度/km	主要服务节点	备 注
射线	轨道交通16号线	59	龙阳路枢纽、周浦、新场、惠南、南汇新城	已建
	金山支线	56	金山、亭林、叶榭、莘庄、上海南站	已建
	轨道交通17号线	35	虹桥枢纽、会展中心、徐泾、青浦新城、朱家角、东方绿舟	在建
	崇明线	47	金桥、曹路、长兴岛、陈家镇	规划
	嘉闵线	42/77	嘉定新城、虹桥枢纽、闵行片区	规划,春申站以南、嘉定北站以北远期预留
	奉贤线	35	奉贤新城、浦江镇、三林南	规划
	沪宁线	33	安亭、黄渡、南翔、上海西站、上海站	利用沪宁铁路通道,衔接苏州S1号线
	沪杭线	46	枫泾、新浜、石湖荡、松江新城、上海南站	利用沪杭铁路通道,衔接嘉兴1号线
	沪崇线	44	杨行、城桥	规划
联络线	机场联络线	68	虹桥枢纽、三林南、张江科学城、国际旅游度假区、浦东机场、上海东站	规划
	机场快线	61	虹桥枢纽、上海南站、世博地区、龙阳路枢纽、迪士尼、浦东机场	龙阳路枢纽-浦东机场已建、规划
	南何支线	60	杨行、桃浦、北郊、南翔、上海西站、封浜、会展中心	利用南何支线、外环线等铁路通道
	东西联络线	54	松江南站、吴泾、浦江、周康航、张江科学城、国际旅游度假区、上海东站	规划
	沪通线	140	太仓、安亭;太仓、杨行、外高桥、曹路、浦东机场、惠南、四团、南汇新城、自贸区(浦东机场、外高桥、洋山陆域)	规划,利用沪通铁路通道
	沪乍线	64	南汇新城、四团、奉城、奉贤新城、漕泾、金山	规划,利用沪乍铁路通道
	嘉青松金线	77	嘉定安亭、青浦新城、松江新城、朱泾、金山	规划
	宝嘉线	36	花桥、安亭、嘉定新城、宝山片区、杨行	规划及改建,部分利用11号线支线进行改建
	南枫线	64	南汇新城、奉贤新城、亭林、朱泾、枫泾	规划
	曹奉线	55	曹路、川沙片区、迪士尼、惠南、奉城	规划
	南汇支线(两港快线)	34	上海东站、南汇新城	规划
	吴江支线	12	青浦新城、吴江	研究,衔接苏州S3线
	南北快线	—	三林、浦江镇、世博、陆家嘴、北外滩、杨行	利用19号线通道形成复合通道
小计/km			1 157	
规划控制线路	申江路线	16	机场联络线张江站-申江路-曹奉线惠南站	
	金山支线延伸	6	金山支线上海南站-上海体育场	
小计/km			22	

根据《上海市轨道交通近期建设规划2018—2023》，市域线网络规划形成"九射、十三联"的网络形态，总规模约1 157 km；在此基础上，考虑到网络规划方案对城市发展的弹性适应能力，远景规划预留了约22 km的市域线通道。其中，轨道交通16号线、金山支线已建成，沪宁线、沪杭线、沪崇线、沪通线、沪乍线为国铁线路。

2018—2023年近期建设方案中包含机场联络线、嘉闵线、崇明线3条市域铁路，总长度286.1 km（见图1.3.3）。机场联络线、嘉闵线研究采用8辆编组CRHF型动车组，最高运行速度160 km/h；崇明线研究采用10辆编组直线电机车型，最高运行速度100 km。

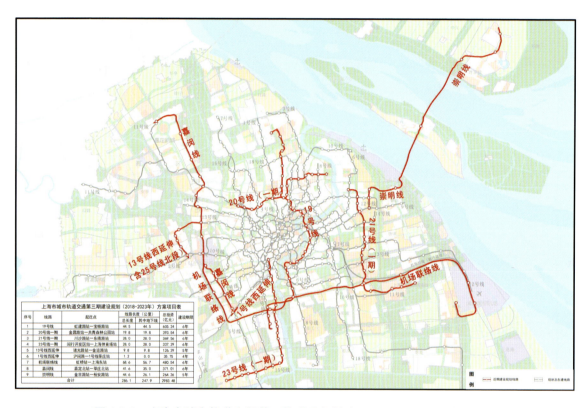

图 1.3.3 上海市城市轨道交通第三轮建设规划（2018—2023）示意图

机场联络线：机场联络线不仅是上海城市轨道交通网的重要组成和东西主轴内的市域快速通道，而且是虹桥和浦东两大综合交通枢纽的快速通道，还通过与国铁网络的互联互通，实现浦东综合交通枢纽对长三角区域的服务。线路从虹桥站至上海东站全长68.62 km。其中桥梁长7.98 km，地下线长56.23 km，路基长4.41 km，桥隧比93.57%。全线设车站9座，其中包含3个地面站：虹桥、七宝、上海东；6个地下站：华泾、三林南、张江、度假区、浦东机场、浦东机场规划航站楼，平均站间距离为8.58 km。邻上海东站新设下盐路车辆基地（上海东车辆段）1处，在三林南设置一座主变电所，另在虹桥站附近设申昆路停车场1处（嘉闵线工程范围）承担机场联络线部分存车功能。在三林南站预留连接到上海南站支线条件，跨线的国铁列车从南站支线进入机场联络线，在三林南至上海东区间段跨线运行。嘉闵线与机场联络线在虹桥站互联互通，南汇支线（两港快线）与机场联络线在上海东站/浦东机场规划航站楼站互联互通。

嘉闵线：由嘉定北至新桥，全长约 52.4 km，均为地下线，设站 18 座，平均站间距 2.91 km。线网高级修设于海湾附近，承担全市域线网（市域动车组）的高级修，高级修选址及建设规模将开展专项研究。

崇明线：由金吉路至崇明岛陈家镇，全长约 47.8 km，设站 8 座，平均站间距 5.98 km，其中地面线长 18.5 km，地下线长 29.3 km。

三、杭州市

杭州主城区是杭州都市圈的核心，都市圈形成"一主三副两层七带"的网络化城镇空间结构，城镇分布体现了"圈层+放射"的特征，根据以上规划布局分析，本次规划杭州都市圈内城际铁路基本形态为以杭州为核心向外放射状的线网结构，并根据都市圈内交通需求，规划都市圈内部分城市间的联络线。

规划杭州都市圈城际铁路线网形成"8 射 1 联"的以放射线为主要形态，规划 9 条城际线构成的城际网中有杭州-海宁、杭州—临安等 8 条放射城际线，这 8 条放射城际线形成了以杭州为核心的 0.5 ~ 1 h 通勤圈，支持了都市圈的形成与拓展，促进了都市圈同城化发展，满足了构建杭州都市圈空间结构发展的需要，规划线网总里程为 372 km。

规划方案详见表 1.3.2、图 1.3.4 所示。

表 1.3.2 杭州都市圈城际线网方案线路统计表

序号	线路名称	全长/km
1	杭州—海宁城际	47
2	杭州—临安城际	36
3	杭州—富阳城际	25
4	杭州—绍兴城际	24
5	绍兴—诸暨城际	50
6	杭州—桐乡城际	35
7	杭州—德清城际	35
8	杭州—安吉城际	70
9	南浔—桐乡—海宁城际	50
合　计		372

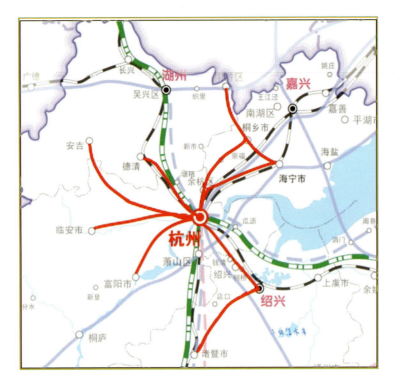

图 1.3.4 杭州都市圈"8 射 1 联"城际线网布局示意图

四、宁波市

构建宁波都市圈 4 条放射状都市圈城际通道，促进宁波与周边城镇的快速融合，支撑经济圈的发展，构建宁波—余姚、宁波—慈溪、宁波—奉化—宁海、宁波—象山城际综合通道，规划 4 条放射状城际线，规划线网总里程 284 km。

规划方案详见表 1.3.3、图 1.3.5 所示。

表 1.3.3 宁波都市圈城际线网方案线路统计表

序号	线路名称	全长/km
1	宁波—余姚城际	80
2	宁波—慈溪城际	64
3	宁波—奉化—宁海城际	75
4	宁波—象山城际	65
	合 计	284

图 1.3.5　宁波都市圈城际线网布局示意图

五、温州市

温州市域轨道交通线网规划了 4 条 S 线，近期建设 3 条，即 S1、S2、S3 线（见表 1.3.4 和图 1.3.6）。其中温州轨道交通 S1 线，是温州轨道交通第一条建成运营的线路，于 2019 年 1 月 23 日开通一期工程西段（桐岭站至奥体中心站）试运营，2019 年 9 月 28 日开通东段（奥体中心站至双瓯大道站），标志色为海蓝色。温州轨道交通 S1 线一期工程西起桐岭站，途径瓯海区、鹿城区和龙湾区，贯穿瓯海中心区域、温州大道、龙湾瑶溪片区等，东至双瓯大道站。一期全线大体呈东西走向。全长 53.5 km，设置 18 座车站，采用 4 节编组 D 型列车，最高速度 140 km/h，为市域铁路编组。

表 1.3.4　温州都市圈城际线网方案线路统计表

序号	线路名称	全长/km
1	温州—洞头城际（S1 线）	77
2	乐清—温州—瑞安城际（S2 线）	89
3	永嘉—瑞安—平阳城际（S3 线）	56
4	永嘉—乐清城际（S4 线）	47
	合　计	269

图 1.3.6　温州都市圈城际线网布局示意图

六、台州市

都市圈线网由 3 条线路组成，线路总里程 283 km。

S1 线呈南北走向，起点为头门港北，终点为玉环坎门，线路全长 128.683 km，近期工程（台州中心站—城南）线路全长 52.568 km，远期工程（城南—坎门）40.000 km，远景工程（头门港北—台州中心站）36.115 km。

S2 线呈东西走向，起点为黄岩新前，终点为松门石塘，线路全长 69.278 km，近期工程（新前—台州中心站）线路全长 16.4 km，远期工程（台州中心站—滨海集聚区）线路全长 23.69 km，远景工程（滨海集聚区—石塘）线路全长 29.188 km。

S3 线呈南北走向，起点为临海东塍，终点为滨海集聚区，线路全长 85.13 km，远期工程（东塍—白杨新村）线路全长 49.257 km，远景工程（白杨新村—滨海集聚区）线路全长 35.873 km。

规划方案详见表 1.3.5、图 1.3.7 所示。

表 1.3.5　台州都市圈城际线网方案线路统计表

序号	线路名称	全长/km
1	头门港—台州中心站—城南—坎门（S1 线）	128.683
2	黄岩新前—松门石塘（S2 线）	69.278
3	临海东塍—滨海集聚区（S3 线）	49.257
合　计		283

图 1.3.7　台州都市圈城际线网布局示意图

七、浙中城市群

浙中城市群城际网为"环形"线网，由 4 条线路组成，线路总里程 267 km。线网覆盖浙中城市群两条发展带，串联金华市区、金—义都市区新城、义乌市区、东阳市区、横店、永康、武义，连接义乌高铁站、金华西火车站、义乌机场等重要对外综合交通枢纽。

规划方案详见表 1.3.6、图 1.3.8 所示。

表 1.3.6　浙中城市群城际线网方案线路统计表

序号	线路名称	全长/km
1	金华—义乌—横店城际	89
2	金华—武义—永康城际	78
3	永康—东阳城际	70
4	义乌—浦江城际	30
	合　计	267

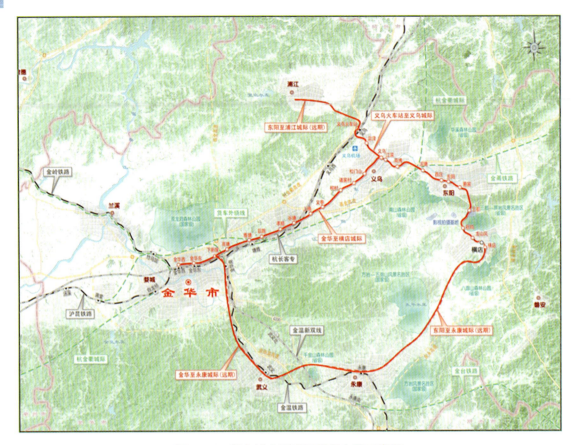

图 1.3.8　浙中城市群城际线网布局示意图

第二章　市域铁路车辆

市域铁路车辆作为一种新型的轨道交通运输工具，必须具有一定的技术先进性，符合轨道交通车辆的发展趋势，同时技术必须是成熟的，具备高可靠性。干线铁路上的高速动车组和城市轨道车辆的一些先进技术，应转化到市域车辆上来，从市域轨道交通的定位来说，本身就是介于两者之间的一个新产品。应根据市域轨道交通快捷的特点，重点在技术参数、可靠性、环保方面进行研究。如在提高车辆的加减速度，缩短停车时间，合理确定最高运行速度等方面进行研究，以缩短整个旅行时间。对整个车辆系统的可靠性进行研究，以确定车辆系统的可靠性指标，各分系统及零部件的可靠性指标，从而保证整个市域铁路交通的可靠性，满足市域铁路的正常、高效的运行。

第一节　市域铁路车辆分类

目前国际上有众多成型成熟的市域车辆编组产品，由于国外多数铁路国家地域面积有限，市域同城际车辆较为类似。国际市域(郊)铁路注重快速和舒适，车辆最高运行速度一般为 130～160 km/h，能实现 50～80 km/h 旅行速度；由于是市域(郊)铁路长距离出行，列车均提供了横排座椅，车厢内空间布置以座位为主；国际市域(郊)铁路基于多条轨道交通线路建设实现了灵活的运营模式，部分线路采用了多样化车型来适应不同区段的供电设施。国内各区域间经济发展差异大，对于市域轨道交通发展的需求也大为不同，造成车辆选型较为困难，多在现有车辆的技术平台上进行研发。市域 A、B 型车均为在原有地铁车辆平台进行升级改造而成的，市域 C、D 型车是在原有的国铁动车组平台研发而成。除此之外，双流制市域车辆也已整车下线。

针对不同技术平台，可将市域动车组分为市域 A 型、B 型、C 型以及 D 型四种市域铁路车辆。其主要技术规格对照见表 2.1.1。

表 2.1.1　不同市域车辆主要技术规格对照

名　称		市域 A 型		市域 B 型		市域 C 型	市域 D 型
供电制式		AC25 kV	DC1 500 V	AC25 kV	DC1 500 V	AC25 kV	
车体基本长度/mm	无司机室车辆	22 000		19 000		24 500 或 25 000	22 000
	单司机室车辆	2 2000+Δ		19 000+Δ		24 500 或 25 000+Δ	22 000+Δ
车体基本宽度/mm		3 000		2 800		3 300	
车辆落弓高度/mm		≤4 450	≤3 850	≤4 450	≤3 850	≤4 640	≤4 640
车内净高/mm		≥2 100					

续表

名　称	市域 A 型		市域 B 型		市域 C 型	市域 D 型
地板面高/mm	1 130		1 100		1 280	
固定轴距/mm	2 500		2 300		2 500	
车辆定距/mm	15 700		12 600		17 500 或 17 800	15 700
每侧车门数/对	3 ~ 4					
车门宽度/mm	≥1 300				≥1 100	≥1 300
车轮直径/mm	860		840		860 或 920	860
轴重/t	≤17		≤15		≤17	
最高运行速度 /(km/h）	120 ~ 160	100 ~ 140	120 ~ 160	100 ~ 140	120 ~ 160	

注：1. Δ—司机室加长量。

2. 对于鼓形 A 型车、B 型车，其最大宽度分别不宜大于 3 100 mm、2 900 mm。

3. 对于区段不同供电制式的跨线运行线路，可采用 AC25 kV/DC1 500 V 双流供电制式车辆。

一、市域 A 型车主要技术特点

（一）基本概况

市域 A 型车（见图 2.1.1）是以地铁 A 型车为平台，供电制式可分为 AC25 kV 和 DC1500 V 供电，直流供电车辆最高运行速度为 140 km/h，交流供电车辆最高运行速度为 160 km/h，随着速度等级的提升，需对原有地铁车辆进行适应性改造主要涉及牵引系统、转向架、制动系统以及车体密封系统。

图 2.1.1　市域 A 型车

市域 A 型车在国内已有多个城市开展应用，详见表 2.1.2。

表 2.1.2　市域 A 型车应用情况

线路名称	车辆型号	最高运行速度 /（km/h）	供电制式	建设时序
成都 18 号线	市域 A 型车	140	AC25 kV	2020 年开通
成都 17 号线	市域 A 型车	140	AC25 kV	2017 年开工
武汉 19 号线	市域 A 型车	120（预留 140）	DC1 500 V	2018 年批复
重庆江跳线	市域 A 型车	120	AC25 kV/DC1 500 V	2019 年开工
上海 16 号线	市域 A 型车	120	DC1 500 V	2014 年开通

（二）列车编组

列车编组灵活，编组常见于 3、4、6、8 编组，满足不同客流特征的出行通勤需求，如图 2.1.2 所示的 6 辆编组是 A 型车常用的编组形式。

图 2.1.2　扩展编组（6/8/9）

国内部分城市还研究过初近期客流不足，采用小编组形式节省初近期运营成本，可采用 3 编组作为基本单元，通过重联满足不同客流要求。

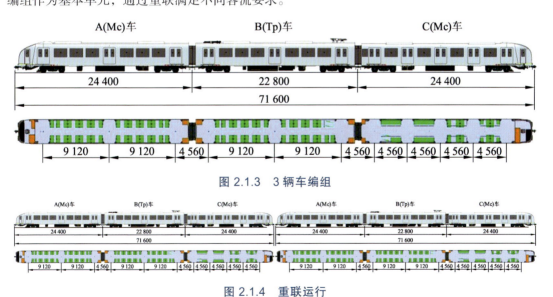

图 2.1.3　3 辆车编组

图 2.1.4　重联运行

（三）车辆布置图

车辆内座椅布置应结合线路客流特征、乘客平均运距、乘客平均旅行时间和车门数量等因素综合确定，满足不同的线路实际运营需求，提高列车的乘坐舒适性。

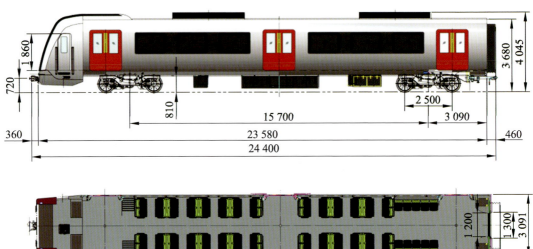

图 2.1.5　Mc 车平面布置图

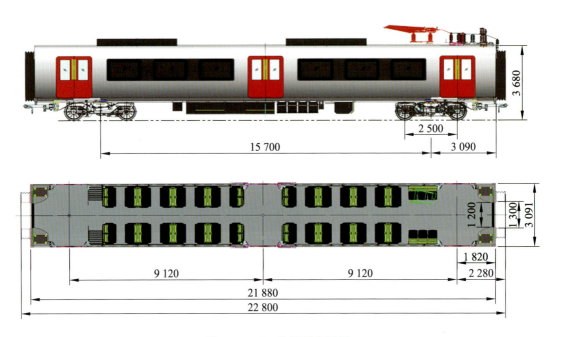

图 2.1.6　Tp 车平面布置图

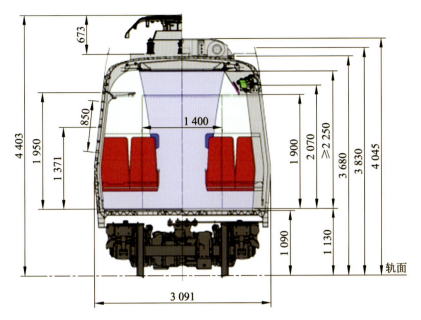

图 2.1.7　A 车断面图

（四）载员、车重和轴重

1. 最大载员

最大载重见表 2.1.3。

表 2.1.3　最大载员（不同工况）

	站席/m²		Mc	Tp	M	M	Tp	Mc	整列
AW_0	空车	载员数	0	0	0	0	0	0	0
AW_1	座席		45	48	48	48	48	45	282
AW_2	6		309	318	318	318	318	309	1 890
AW_3	8		397	408	408	408	408	397	2 426
站席面积/m²			44	45	45	45	45	44	

2. 车重

车重见表 2.1.4。

表 2.1.4　车重（不同工况）

	Mc	Tp	M	M	Tp	Mc	整列
AW_0	42	39	41	41	39	42	244
AW_1	44.745	41.928	43.928	43.928	41.928	44.745	261.2
AW_2	60.849	58.398	60.398	60.398	58.398	60.849	359.29
AW_3	66.217	63.888	65.888	65.888	63.888	66.217	391.99

3. 轴重

轴重不大于 17 t。

（五）性能

市域 A 型车性能指标见表 2.1.5。

表 2.1.5　性能（不同条件）

最高运行速度	140 km/h（车辆构造速度 154 km/h） 160 km/h（车辆构造速度 176 km/h）
平均旅行速度	≥70 km/h（最高速度 140 km/h） ≥80 km/h（最高速度 160 km/h） 站间距设计合理，最高速度选择适当；一般按最高速度的一半来考虑，每个具体项目具体核算
加速度为	在额定载员情况下，在平直干燥轨道上，车轮为半磨耗状态，额定电压时： 列车从 0 加速到 50 km/h：　　≥0.9 m/s² 列车从 0 加速到 140 km/h：　　≥0.45 m/s²
平均制动减速度	在额定定员情况下，在平直干燥轨道上，车轮半磨耗状态，列车在最高运行速度，平均减速度为： 最大常用制动：　　≥1.0 m/s² 紧急制动：　　≥1.2 m/s²
电制动能力	在 AW₃ 载荷以下，车辆全电制动能力应满足在 AW₃ 载荷下电制动投入初速度不低于 70 km/h。在 AW₂ 载荷以下，速度从 80 km/h 开始到列车电制动与气制动的转折点速度时，电制动能单独满足常用制动要求
列车纵向冲击率	≤0.75 m/s³
故障运行能力	列车在超员状态下，当损失 1 辆动车的牵引动力时，列车仍然可以在线路最大的坡道上起动，并能以正常运行方式完成一个单程； 列车在超员状态下，当损失 2 辆动车的牵引动力时，列车仍然可以在线路最大的坡道上起动，并运行至最近车站
坡道救援能力	一列空载列车应能将另一列停在线路最大坡道上的超员故障列车牵引至最近的车站（上坡），乘客下车后返回车辆段

二、市域 B 型车主要技术特点

（一）基本情况

市域 B 型车是以地铁 B 型车为平台，供电制式可分为 AC25 kV 和 DC1 500 V 供电，直流供电车辆最高运行速度为 140 km/h，交流供电车辆最高运行速度为 160 km/h，与市域 A 型车类似，随着速度等级的提升需对原有地铁车辆进行适应性改造主要涉及牵引系统、转向架、制动系统以及车体密封系统。如图 2.1.8 所示。

市域 B 型车投入运用较早已有多家主机厂有各自的市域 B 型车，其中各家对于 B 型车的升级改造策略各有不同，其中中车铺镇对于车辆改造采用了铝合金制动盘、蓄电池牵引和半动车等新技术。

（a）广州 3 号线地铁车辆

（b）广州 21 号线地铁车辆

（c）青岛 13 号线地铁车辆

（d）宁高城际地铁车辆

图 2.1.8　市域 B 型车

市域 B 型车在国内应用较为广泛，如表 2.1.6 所示。

表 2.1.6　B 型车国内应用项目

项目名称	线路长度	站间距	设计时速	车辆及编组	车辆轴重	车辆厂家	通车时间
广州 3 号线	64.41	2.22	120	6B	≤14 t	株机公司	首期 2006 年
郑州机场线	41.16	2.27	100	6B	≤14 t	青岛四方厂	2016 年
东莞 2 号线	37.7	2.51	120	6B	≤14 t	浦镇车辆厂	2016 年 5 月
宁高城际二期	57	9.5	120	4B	≤14 t	浦镇车辆厂	2017 年 12 月
广州 9 号线	20.1	1.96	120	6B	≤14 t	株机公司	2017 年 12 月
青岛 13 号线	58.4	2.68	120	4B	≤14 t	青岛四方厂	2018 年建成
宁奉城际铁路	21.6	2.4	120	6B	≤14 t	株机公司	2020 年建成
杭临城际铁路	34.7	2.89	120	4B	≤14 t	浦镇车辆厂	2020 年 4 月
杭富城际铁路	23.2	2.11	100	6B+（宽体）	≤15 t	浦镇车辆厂	2020 年建成
杭海城际铁路	47.7	3.97	120	4B	≤14 t	浦镇车辆厂	2020 年 7 月

（二）车辆线路适应性

（1）解决都市圈通勤交通（或特定功能线路），通勤半径一般为 30 ~ 70 km。

（2）地面线为主，部分地下线。

（3）站间距 2 ~ 10 km。

（4）运营速度 120 ~ 160 km/h。

（5）市域线均进入城市中心区，与中心区轨道交通网络衔接。

（6）供电制式 DC1 500 V、AC25 kV 或双制式供电。

（7）动拖比多采用 2∶1 或更高，满足市区内短间距运营。

（8）钢轨类型：60 kg/m，7 号道岔。

三、市域 C 型车主要技术特点

市域 C 型车主要车体尺寸与国铁 CRH 动车组较为接近，便于实现与国铁互联互通和贯通运营。以上海市域机场联络线市域动车组为例进行说明。

（一）车辆基本参数

上海机场联络线市域动车组车辆基本参数如下：

头车长度	25 000 mm
中间车长度（车钩中心距）	25 000 mm
4 辆编组列车长度	100 500 mm
8 辆编组列车长度	200 500 mm
车体宽度	3 300 mm
车体高度	3 880 mm
转向架中心距	17 500 mm
固定轴距	2 500 mm
客室侧门	端车 2 对/辆，中间车 3 对/辆
接触网导线高度（距轨面）	5 300 mm
客室地板距走行轨轨面高度	1280 mm（新轮）
车轮直径	860 mm（新轮）
车轮直径	790 mm（全磨耗）
轴重	≤17 t

（二）车辆自重和载客量

列车载客量与车辆自重、轴重、车内布置及站立密度标准密切相关，应结合全线客流水平、运营组织综合确定。按不同的载荷及车辆类型，C 型车的载客量见表 2.1.7。

表 2.1.7 列车载客量

载荷类型	单车/人		列车/人	列车/人
	Mc 车	M 车	4 辆编组	8 辆编组
座席（AW_1）	36	54	180	396
定员（AW_2）	144	202	692	1 500
超员（AW_3）	196	274	940	2 036

（三）动拖比

列车编组为 4 辆编组或 8 辆编组时，主要有 3∶1（3M1T）、1∶1（2M2T）两种动力配置方式。上海市域机场联络线工程考虑到市域和国铁不同编组共线运营的救援需求，推荐采用 3∶1 动力配置方式。

（四）列车牵引性能

列车起动牵引力是在额定载客量、车轮半磨耗的条件下计算确定的，采用 3M1T 时，列车牵引性能需满足：

最高运行速度　　　　　　　　　　160 km/h
平均启动加速度（0～40 km/h）　　≥1.0 m/s^2
平均加速度（0～160 km/h）　　　　≥0.4 m/s^2

（五）列车制动性能

常用制动平均减速度（160 km/h～0）　≥1.0 m/s^2
紧急制动平均减速度（160 km/h～0）　≥1.2 m/s^2
制动时冲击极限　　　　　　　　　　≤0.75 m/s^3
停放制动应满足 AW_2 列车在 30‰ 坡道上安全、可靠地停放。

（六）列车故障运行能力

列车在超员载荷工况下，当损失 1/4 动力时，列车仍然可以在 30‰ 的坡道上起动，并可以维持运行至线路终点。

列车在超员载荷工况下，当损失 1/2 动力时，列车仍然可以在 30‰ 的坡道上起动，并能使列车行驶到最近车站。

（七）列车噪声

1. 列车内部噪声

列车内部噪声在 ISO3381 标准规定环境条件下，在客室纵向中心线距地板 1.6 m 高处测量：

➤ 停止时，所有辅助系统设备同时以最大功率运行时，客室座席区中部连续噪声值不大于 69 dB（A），驾驶室内不大于 68 dB（A）。

➤ 运行时，客室座席区中部连续噪声值不应超过 72 dB（A），驾驶室噪声限值不应超过 75 dB（A），通过优化设计车内噪声目标值应有所改善。

2．列车外部噪声

在 ISO3095 标准规定的环境条件下，车辆停止时测点离轨道中心线 7.5 m 远、距轨面高 1.2 m，启动和运行时测点在离轨道中心 25 m、距轨面高 3.5 m，满足如下要求：

➤ 当动车组以 160 km/h 速度通过空旷平直线路时，连续噪声不应超过 87 dB（A）。

➤ 当动车组起动时，最大噪声不应超过 82 dB（A）。

➤ 当动车组停止时，空调工作，牵引设备及牵引冷却设备不工作时，连续噪声不应超过 71 dB（A）。

四、市域 D 型车主要技术特点

（一）基本概况

市域 D 型车基于高铁动车组技术平台研制，具备快速起停、持续高速、大载客量的特点，最高运行速度为 160 km/h。首次应用于温州市域铁路 S1 线，后续也应用于北京机场线、台州市域铁路等市域铁路线路中。下面以温州市域铁路车辆为例介绍市域 D 型车（见图 2.1.9）。

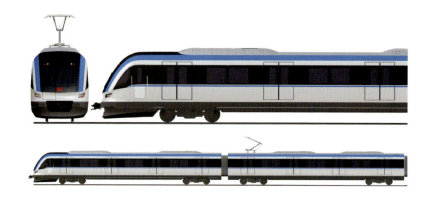

图 2.1.9 市域 D 型车

国内市域 D 型车应用情况详见表 2.1.8。

表 2.1.8 国内市域 D 型车应用情况

线路名称	车辆型号	最高运行速度 /（km/h）	供电制式	建设时序
温州 S1 线	市域 D 型车	120	AC25 kV	2019 年开通运营
温州 S2 线	市域 D 型车	140	AC25 kV	2018 年开工
台州 S1 线	市域 D 型车	140	AC25 kV	2022 年开通运营
重庆璧铜线	市域 D 型车	140	AC25 kV	2019 年开工
北京机场大兴线	市域 D 型车	160	AC25 KV	2019 年开通运营

（二）列车编组

列车编组布置如图 2.1.10 所示：4 辆编组，编组形式为+Tc-Mp-Mp-Tc+，两动两拖独立动力单元配置；设置两台相同受电弓，在运行时单弓受流，另一受电弓备用。Tc 为带司机室的拖车，Mp 为带受电弓的动车。

列车前后两端配置自动车钩（+），其余均配置半永久牵引杆（－）。

车型代号：Tc1（1号车）　　　　车型代号：Mp1（2号车）

车型代号：Mp2（3号车）　　　　车型代号：Tc2（4号车）

图 2.1.10　列车编组布置

（三）车辆布置图

以温州市域铁路市域 D 型车为例，头车额定载客量（AW₂）：218 人，超员载客量（AW₃）：320 人。中部设 8 人纵向座椅，两端设 2+2 横向座椅，站区立设扶手和吊环。头车布置平面如图 2.1.11 所示。

中间车额定载客量（AW₂）：233 人，超员载客量（AW₃）：344 人。中部设 8 人纵向座椅，两端设 2+2 横向座椅，站立区设扶手和吊环，设置残疾人轮椅区。中间车平面布置如图 2.1.12 所示。断面布置如图 2.1.13 所示。

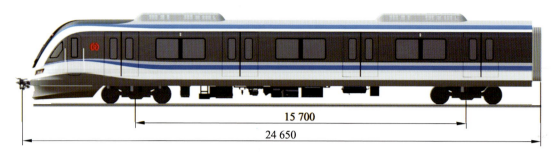

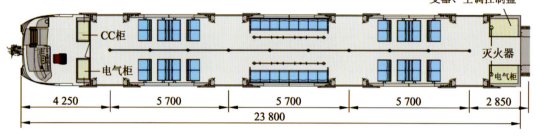

图 2.1.11 头车平面布置

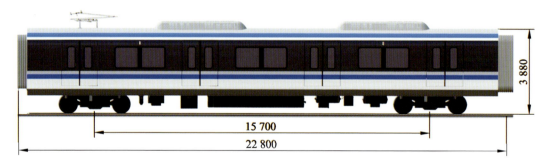

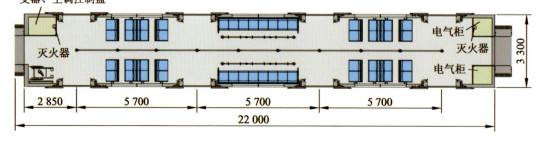

图 2.1.12 中间车平面布置

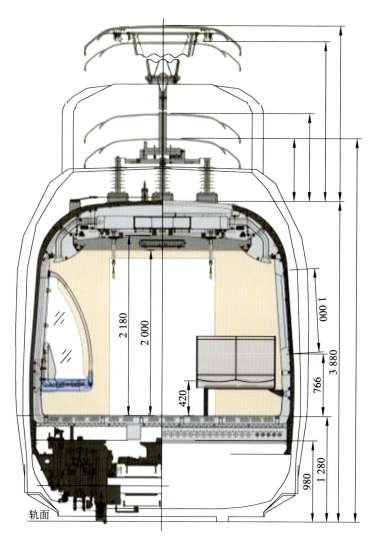

图 2.1.13　断面布置

（四）列车载客容量

座席载客量 AW_1 　　　　　　　　　　　　　　　　192 人/列

定员载客量 AW_2（座席载客量 AW_1+5 人/m²）　　　902 人/列

超员载客量 AW_3（座席载客量 AW_1+8 人/m²）　　1 328 人/列

各车型载客量见表 2.1.9。

表 2.1.9　载客量（不同工况）

工况类型	TC1	MP1	MP2	TC2	列车
AW_1	48	48	48	48	192
AW_2	218	233	233	218	902
AW_3	320	344	344	320	1 328

（五）列车重量

一列车（AW$_0$）　　　　　　　　　　　　　≤180 t（176.4 t）

轴重（AW$_3$）　　　　　　　　　　　　　　≤17 t

各车型重量见表2.1.10。

表 2.1.10　列车重量（不同工况）

工况类型	Tc1	Mp1	Mp2	Tc2	列车
AW$_0$	43.5	44.7	44.7	43.5	176.4
AW$_2$	56.6	58.7	58.7	56.6	230.6
AW$_3$	62.7	65.3	65.3	62.7	256

（六）列车牵引特性

温州市域铁路S1线工程4辆编组列车在AW$_2$载荷和车轮半磨耗状态下,列车牵引性能如下：

最高运行速度　　　　　　　　　　　140 km/h

试验速度　　　　　　　　　　　　　160 km/h

平均旅行速度　　　　　　　　　　　≥55 km/h（初期），≥50 km/h（近远期）

牵引运行时冲击极限　　　　　　　　0.75 m/s^3

平均启动加速度（0~40 km/h）　　　≥0.8 m/s^2

平均加速度（0~140 km/h）　　　　≥0.4 m/s^2

列车联挂速度　　　　　　　　　　　≤5 km/h

列车牵引计算黏着系数　　　　　　　0.16~0.185

列车牵引特性曲线如图 2.1.14 所示。

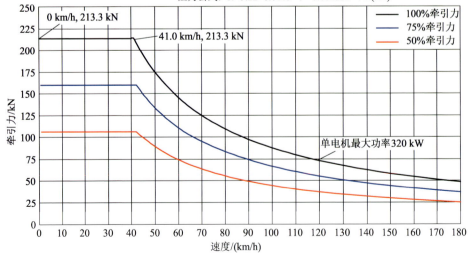

图 2.1.14　牵引特性曲线

（七）制动特性

列车制动系统由再生制动、空气制动和停放制动 3 种制动方式组成。常用制动采用电制动优先，充分利用电制动，电制动不足时由空气制动补充。紧急制动采用空气制动。停放制动采用弹簧储能制动、压缩空气缓解，必要时可手动缓解。在干燥、平直轨道上，不论何种载荷工况，均满足下列各项指标要求：

常用制动平均减速度（140 km/h ~ 0）　　　　1.0 m/s^2

紧急制动平均减速度（140 km/h ~ 0）　　　　1.2 m/s^2

电-空转换点　　　　　　　　　　　　　　　$\leqslant$8 km/h

计算用制动黏着系数　　　　　　　　　　　　0.14 ~ 0.16

常用制动冲击极限　　　　　　　　　　　　　$\leqslant$0.75 m/s^3

停放制动满足 AW$_3$ 列车在 30‰ 坡道上安全、可靠停放。

初速 140 km/h 时，紧急制动距离　　　　　　$\leqslant$700 m

温州 S1 线的常用最大（7 N）和紧急制动减速度曲线如图 2.1.15 所示。

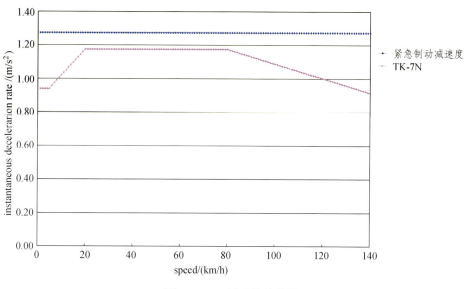

图 2.1.15　制动特性曲线

第二节　市域铁路车辆特点及检修项点

一、市域铁路车辆特点

市域轨道交通车辆定位介于城轨车辆与干线铁路车辆之间，相对城轨车辆有如下特点：提供更多的座位，站立面积比例相对较少，提高了长距离乘坐的舒适性；更高的运行速度，提供快捷的公交化运输服务。相对干线车辆有以下特点：车厢可以没有等级区分；允许更多的站立乘客；站间距更短，乘客上下频繁；可不设行李架、卫生间、吧台等设施，以节约空间，增加载客量，降低成本。

市域轨道交通车辆一般为市域范围提供轨道交通服务，沿线路的所有站点都会上下客，同时一般与城市轨道交通进行换乘。

根据国内市域轨道交通的设计情况统计，站间距一般为 2~7 km，同时市域轨道交通车辆定位于解决城市市域范围内的日常频繁交通需要，运营成本相对要比干线铁路低。市域轨道交通车辆的研制要重点考虑以下市域轨道交通运输的特点：快起快停、频繁起停；大载客量承载；乘客快速乘降；降低运营成本，提高可靠性。因此市域轨道交通车辆需具备以下技术特点：

（1）快起快停、频繁起停技术。

（2）大载客量承载技术。

（3）快速乘降技术。

（4）具备适当过载能力的电气传动技术。

（5）柔性悬挂技术。

（6）简洁明快的内外饰及人性化旅客界面的结构设计技术。

（7）适应市域运输特点的旅客信息技术。

（8）轻量化设计及节能环保技术。

（9）安全性、舒适性、可靠性技术。

二、检修过程及项点

针对不同的车型平台，市域列车检修项点基本一致，市域 A、B 型车辆与地铁检修模式相同，市域 C、D 型车辆一般采用五级修模式。鉴于市域 A、B 型车辆检修模式介绍较多，本文重点介绍五级修程相关内容。

（一）一级修检修流程及项点

一级修工艺流程如图 2.2.1 所示。

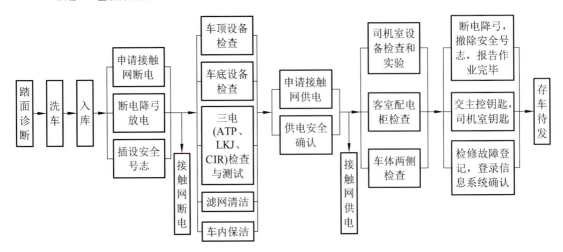

图 2.2.1　市域铁路车辆一级修工艺流程示意图

预备工作：

（1）根据市域车辆运行情况编制当天一级修作业计划单，明确注意事项和各协作单位作业任务等。

（2）检修组①及乘务组人员对当天检修的市域车辆故障进行查阅。

（3）各作业人员领取相应的材料、配件，并准备相关作业工具。

（4）检修组①向监护人员申请领取主控钥匙，司机室钥匙。

接车事项：

（5）做好检修道清道工作，允许进车，列车按照设定的速度进库。

（6）市域车辆在入库线上行进时，轮对踏面自动诊断装置和受电弓检测装置同时检测，并通过计算机网络将监测数据传输到检查库，用以指导后续的检修保养方案。

（7）市域车辆自行驶入清洗区域，通过列车外皮自动清洗装置完成预湿喷药、药液抹刷、端面清洗、侧面清洗、清水漂洗、吹扫烘干等工序，清除由于市域车辆运用和检修造成的车辆外部表面的灰尘、油污和其他污垢。

作业前准备工作：

（8）市域车辆进库停妥后，检修组①与司机交接司机室钥匙，检修组③插设安全号志。

（9）检修组①投入主控，闭合VCB，并配合电务、通信人员供电测试作业。

（10）测试结束后，检修组①进完成断电降弓，申请断电作业。

（11）监护人员确认无电后挂接地杆，通知一级检修组①断电完毕，检修组①完成放电作业。

无电作业：

（12）上述工作完成后，通知各小组开始断电作业，检修组和保洁收到通知后，即表示该检道车组已在安全的条件下，可以开始各自的作业。其中，LKJ，ATP，CIR检修人员分别对各自设备进行检查；相应专修人员进行滤网清洁作业；检修组③④负责检修的车底设备包括前挡风玻璃、前头罩、主排障器、辅助排障器、车端地板、轮侧端板、转向架排障器、制动轴盘、轴盘制动夹钳、制动轮盘及夹钳、轮对、转向架构架及管线、增压缸、牵引拉杆、油压减振器、空调冷凝器底板、换气装置逆变器底板、空调下底板、防雪风挡、车端连接处及车钩、内风挡及闭锁装置、电机传感器线、车轴、齿轮箱、齿轮箱排油堵、牵引电机及其冷却风道、联轴器、高压机器箱下底板、主变压器下底板、牵引变流器底板、接触箱底板等。

（13）待检修组②放完三层作业平台渡板，检修组①②在车顶开始作业。其中，需要进行检查的车顶设备包括车顶天线、车顶板、外风挡、内风挡及锁闭装置、电缆接头、高压隔离开关、保护接地装置、受电弓等。

（14）无电作业完毕后，检修组②负责收回防护渡板，各作业组组长汇报作业完成情况及管件配件更换情况，检修组①确认所有作业人员作业完毕撤离。

（15）监护人员确认三层作业平台门禁出入情况，设置安全警示标识。

申请供电：

（16）检修组①向监护人员申请接触网供电，监护人员确认受电弓已降下，顶部无人，渡板收回，走行部无人后，撤除接地杆，申请接触网供电。经调度同意，收到供电和信号通知后，对接触网供电。

（17）检修组①确认供电安全后，通知各小组开始作业。

有电作业：

（18）检修组①②负责司机室设备和客室配电柜的检查实验，内容包括司机室标志灯、驾驶台手柄、蓄电池、驾驶台设备、联络电话、司机室前舱、司机室前罩、空气管开闭器、分并装置、司机室总配电盘、中央控制装置、配电柜、搭载品、分并配电盘、辅助电源系统、电压表、制动系统实验、侧门实验、行走公里数等；检修组③④负责车体两侧，检修内容包括头车前端部、车体侧墙及裙板、转向架排障器、转向架构架、车轮及轮盘、轴箱及定位装置、制动装置、高度调整阀及各阀门、空气弹簧、增压缸、抗蛇行减振器、司机室门及侧门车号显示器及玻璃、车门指示器、注水口及排水旋塞、门总、空调送风机裙板、车号及目的地显示器、外风挡、车体跨接线、内风挡、密接式车钩、防雪风挡、车端减振器、辅助空压机侧盖板、接线箱侧盖板、自动过分相传感器。

（19）相关作业人员结束后通知检修组①，由检修组①确认该组作业全部完毕，断 VCB，降受弓，通知检修组③撤除安全号志。

作业完毕：

（20）检修组①在确认车辆受电弓已降下，安全号志已撤除，所有作业人员已离开该车后，向调度呼叫作业完毕，并交还主控钥匙，司机车钥匙。

（21）市域车辆出库时，作业人员在规定区域蹲式送车，目视检查车辆轮对、悬吊件、裙板及侧门等部位有无异常状态，监听走行部及车下设备运转有无异响。

（22）在现场确认、登记检查故障状况，按规定填写市域车辆关键配件更换记录本、检修记录单、车辆信息化管理系统等。

存车待发：

（23）市域车辆出库后通过存车线驶入存车场，等待发车任务。

（二）二级修检修流程及项点

二级修工艺流程如图 2.2.2 所示。

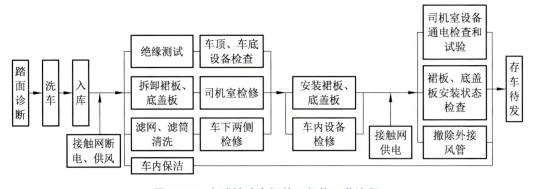

图 2.2.2　市域铁路车辆的二级修工艺流程

预备工作：

（1）根据车辆运行里程达到 1.5 万～20 万千米或运行时间达到 1～12 个月，结合车辆具体运行情况，编制车辆二级修作业计划单，编制时应注意与各厂家及部门的协调，明确各注意事项。

（2）二级修检修班组及乘务人员对市域车辆需要完成的作业项目进行查阅。

（3）各作业人员办理作业手续，填写材料工具申请，领取相应的材料、工具。

（4）二级修检修班组向现场调度台申领主控钥匙，司机室钥匙。

接车事项：

（5）市域车辆在入库线上行进时，轮对踏面自动诊断装置和受电弓检测装置同时检测，并通过计算机网络将监测数据传输到检查库，用以指导后续的检修保养方案。

（6）市域车辆自行驶入清洗区域，通过列车外皮自动清洗装置完成预湿喷药、药液抹刷、端面清洗、侧面清洗、清水漂洗、吹扫烘干等工序，清除由于市域车辆运用和检修造成的车辆外部表面的灰尘、油污和其他污垢。

（7）做好检修道清道工作，拉起防护栏，允许进车，列车按照设定的速度进库。

作业前准备工作：

（8）二级修检修班组分为四个作业小组，协同作业。

（9）市域车辆进库停妥后，检修组①与司机交接司机室钥匙，检修组③插设安全号志；

（10）检修组①投入主控，闭合 VCB，并配合电务、通信人员供电测试作业；

（11）测试结束后，检修组①进完成断电降弓，申请断电作业；

（12）监护人员确认无电后挂接地杆，通知一级检修组①②断电完毕，检修组①完成放电作业，检修班组②给作业平台供风。

无电作业：

（13）完成上述工作后，通知各小组开始断电作业，检修组和保洁收到通知后，即表示该检道车组已在安全的条件下，可以开始各自的作业。保洁班组对车内客室进行作业清洁。

（14）检修组③首先做绝缘测试，确认绝缘后，检修组①使用四角钥匙、扭力扳手、扭力杆等工具拆卸所有裙板以及部分内部有检测要求的底盖板。检修组②对各车下设备舱中通风口的滤网、滤筒进行吹扫、清洗作业。

（15）检修组③放下三层作业平台渡板，开始车顶作业，其中需要进行检查的车顶设备包括车顶天线、车顶版、外风挡、内风挡级锁闭装置、电缆接头、高压隔离开关、保护接地装置、受电弓等。

（16）检修组④开始进行车下设备检查，主要检查项目包括前挡风玻璃、前头罩、主排障器、辅助排障器、车端地板、轮侧端板、转向架排障器、制动轴盘、轴盘制动夹钳、制动轮盘及夹钳、轮对、转向架构架及管线、增压缸、牵引拉杆、油压减振器、空调冷凝器底板、换气装置逆变器底板、空调下底板、防雪风挡、车端连接处及车钩、内风挡及闭锁装置、电机传感器线、车轴、齿轮箱、齿轮箱排油堵、牵引电机及其冷却风道、联轴器、高压机器箱下底板、主变压器下底板、牵引变流器底板、接触箱底板等。

（17）检修组①在开完裙板、底盖板后，对设备舱中牵引变压器、牵引变流器、制动控制模块、牵引模块以及各管路做检查。

（18）检修组②在完成滤网清洁作业后，进行司机室设备检修维护，确保操控系统正常。

（19）车下及两侧检修完毕后，检修组①安装所有拆卸的裙板和底盖板，检修组②对车内设备进行检修，检修内容包括座椅、侧门外形和机械开关、防火门、侧窗玻璃、窗帘及灭火器，确保车内设备的正常使用，对于故障部位及时更换修复。

（20）无电作业完成后，检修班组③负责收回防护渡板，各作业组组长汇报作业完成情况及管件配件更换情况，检修组①确认所有作业人员作业完毕撤离。

（21）质检人员确认工作完成，检查作业情况，确认三层作业平台门禁出入情况，设置安全警示标识。

申请供电：

（22）检修组①向监护人员申请接触网供电，监护人员确认受电弓已降下，顶部无人，渡板收回，走行部无人后，撤除接地杆，申请接触网供电。经调度同意收到供电通知和信号后，对接触网供电。

（23）检修组①确认供电安全后，通知各小组开始作业。

有电作业：

（24）检修组①②负责司机室设备和客室配电柜的检查实验，内容包括司机室标志灯、驾驶台手柄、蓄电池、驾驶台设备、联络电话、司机室前舱、司机室前罩、空气管开闭器、分并装置、司机室总配电盘、中央控制装置、配电柜、搭载品、分并配电盘、辅助电源电压、电压表、制动系统实验、侧门实验、行走公里数等。

（25）检修组③负责裙板及底盖板的安装状态检查，确保拆卸过的设备舱盖板安装牢固。检修班组④撤出外接风管。

（26）相关作业人员结束后通知检修组①，由检修组①确认该组作业全部完毕，断 VCB，降受弓，通知检修组③撤除安全号志。

作业完毕：

（27）检修组①在确认车辆受电弓已降下，安全号志已撤除，所有作业人员已离开该车后，向调度呼叫作业完毕，并交还主控钥匙，司机车钥匙。

（28）市域车辆出库时，作业人员在规定区域蹲式送车，目视检查车辆轮对、悬吊件、裙板及侧门等部位有无异常状态，监听走行部及车下设备运转有无异音。

（29）在现场确认、登记检查故障状况，按规定填写市域车辆关键配件更换记录本、检修记录单、车辆信息化管理系统等。

存车待发：

（30）市域车辆出库后通过存车线驶入存车场，等待发车任务。

（三）三级修检修流程及项点

三级修工艺流程如图 2.2.3 所示。

1．车体及内部布置

（1）贯通道：贯通道锁紧检查，检查贯通道与车体螺纹连接，贯通道渡板铰链、磨耗条磨损检查，顶板磨耗条、渡板磨耗条检查及更换

（2）车窗：对客室侧窗，司机室前窗、侧窗及活窗进行状态修。

（3）内装设施：灭火器检查，设备舱分解修，司机室座椅、遮阳板，客室座椅进行状态修。

（4）司机台及电器柜。

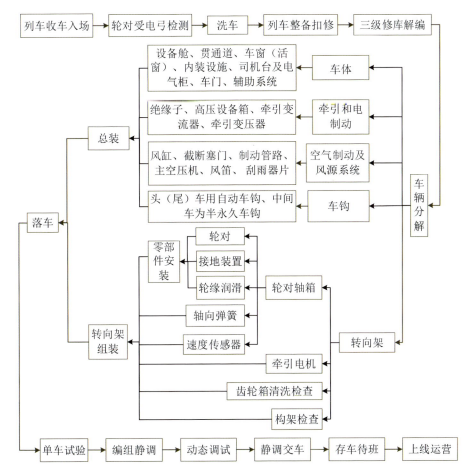

图 2.2.3　三级修工艺流程

2. 转向架

（1）转向架分解。

将转向架所有空气管路接头，所有电线、电缆接头，轴箱后盖迷宫密封处，齿轮箱前后盖迷宫密封处，牵引电机等零部件进行清洗前的防护，然后将转向架进行整体清洗。

将轮对轴箱组成、牵引电机组成、齿轮箱、传感器、接地装置、等部件从构架上拆下检修。其余部件进行状态检修。检修过程中所有拆下来的紧固件更新，紧固后涂打防松标记。

轮对轴箱组成分解工艺流程：外观检查—部件标识—速度传感器拆卸—后盖拆卸—轴箱体退卸—前盖退卸—轴承表面清理—定位节点分解—零部件外观检查。

轮对组成检修工艺流程：外观检查—拆装检修轮缘润滑装置—整体轴承检修—车轴表面脱漆、除锈—磁粉探伤—超声波探伤—轮对镟修—轮对尺寸检查—喷涂油漆—制动盘检修—交检交验。

轴箱弹簧组成检修工艺流程：分解—外观检查—交验—压装—待组。

速度传感器检修：外观状态检修—绝缘试验和线圈阻值测量。

动车接地装置检修：分解—清洗—外观检查—检测弹簧刚度—找补油漆。

齿轮箱清洗检修工艺流程：外观检查—排油—磁栓清洗—气管插头清洗—齿轮箱清洗—

齿轮箱上盖分解—预加润滑油—交检。

牵引电机检修工艺流程：拆卸—外观状态检查—小齿轮主轴外观检查—滤网清洗—绝缘试验—交验。

（2）转向架组装。

转向架落成按转向架落成组装技术条件执行。调整排障器距轨面的安装高度：空载状态卜，排障器橡胶挡板底面距轨面高度为 25~30 mm；排障器金属挡板底面距轨面高度为 60~65 mm。

（3）转向架试验检查。

转向架落成后需在专用的加载试验台上进行加载状态下的尺寸检查和制动闸片动作试验、制动管路泄漏试验等。转向架试验检查合格后，外观需找补油漆。转向架交检合格后，方可与车体进行落成作业。

3．牵引和电制动

受电弓、高压隔离开关绝缘子清洁；高压隔离开关部件润滑；高压电缆组件检查；车顶支撑绝缘子清洁和检查；高压设备箱检查和清洁；牵引变压器滤网清扫、状态检查；牵引变流器状态检查和清洁；冷却单元；二次滤波电抗器滤网和本体清洁。

冷却单元表面须清洁，无浮尘、污物；外观检查冷却单元安装状态良好，机械部件无严重机械损伤，紧固件无松动，表面油漆良好，电气接线连接牢固，各连接线缆无老化、过热变色及机械损伤，带保护的电缆防护状态良好，固定牢固，电缆线号、设备标识齐全清晰。

4．空气制动及风源系统

风缸排水；截断塞门检查；制动管路检查及气密性试验；空气机油位检查；主空压机润滑油取样检测及更换；主空压机清洁、过滤器滤芯清洁；干燥剂检查；风笛试验；刮雨器刷片不良时更换。

5．车门及辅助系统

（1）客室门。

客室门系统功能检查；客室门紧固件状态检查；清洁、检查车门周圈密封胶条；清洁丝杆，上滑道，下滑道，长、短导柱并重新进行润滑；对直线轴承进行加脂润滑；对中间支撑处滚针轴承进行润滑；清洁平衡轮组件压轮并对压轮重新润滑。

（2）司机室侧门。

司机室侧门紧固件状态检查；对门锁进行检修。

（3）司机室后端门。

内锁、折页、门板检查。

（4）紧急疏散门。

紧急疏散门密封胶条清洁保养及功能检查。

（5）辅助系统。

蓄电池组检查；浪涌保护装置检查；接地电阻器检查、清洁；接触器箱检查、清洁。

6．车钩

市域车辆中间车连接采用半永久车钩、头尾车采用自动车钩。

（1）自动车钩。

检查、清洁、润滑自动车钩头；自动车钩气阀检修。清洁自动车钩，电钩头须干燥清洁。目视检查整个车钩零部件无损伤和锈蚀。紧固件安装牢固，无缺失，防松标记清晰无错位。校验手动解钩机构；检查调整车钩的对中功能。

（2）半永久车钩

检查、润滑牵引装置、筒套卡环及半永久性车钩；清洁半永久车钩和气路连接。清洁车钩卡环和卡环结合环部位并除油，检测车钩上卡环的结合环部位，重新涂抹润滑脂。更换车钩风管接头内的密封垫圈；更换卡环固定螺栓、螺母和垫片。（国铁编组检修时，目视检查下卡环上的孔无堵塞，卡环注满润滑脂。卡环上的螺钉和螺母防松标记清晰，无错位。错位时，须更新螺栓、垫片和螺母。车钩风管接头无泄漏。）

（四）四级修检修流程及项点

四级修工艺流程如图 2.2.4 所示。

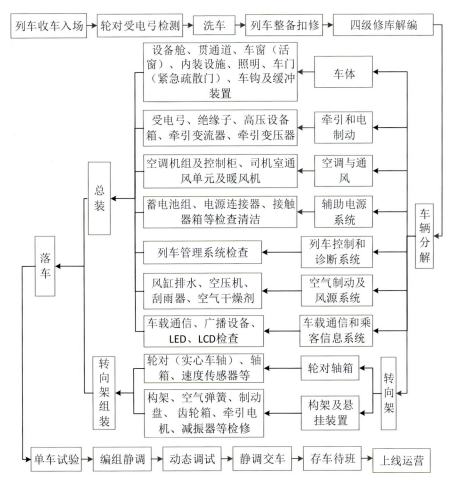

图 2.2.4　四级修工艺流程

1. 车体及内装设备

（1）贯通道。

检修内容：贯通道折棚检查；顶板、渡板、侧护板状态检查，更换侧护板裙边；贯通道的锁紧检查，检查贯通道与车体的螺纹连接；贯通道渡板铰链磨损检查；顶板磨耗条、渡板磨耗条检查及更换；更换端框/对接框密封胶条。

（2）车窗。

检修内容：窗玻璃状态检查和修理；前窗玻璃状态检查；活窗的检查。

（3）内装设施。

检修内容：司机室座椅检查，蒙面、发泡的更换；客室座椅检查及蒙面、发泡的更换；扶手、立柱状态检查，防松压紧锁检查；地板、地板布、墙板及顶板检查；灭火器检查。

（4）司机台及电气柜。

检修内容：司机台、电气柜、侧屏上的开关、按钮、指示灯功能检查；司控器功能检查；司机室电气柜设备及配线检查；司机室综合柜设备及配线清洁，司机室配电柜、操纵台清洁。

2. 车门

（1）客室门。

检修内容：更换车门周圈密封胶条；更换平衡轮组件的滚轮；更换滚轮摆臂组件；更换携门架上的滚轮；更换端部解锁组件。

（2）司机室侧门。

检修内容：更换车门密封胶条；对门锁进行检修；更换窗玻璃胶条。

（3）司机室后端门。

检修内容：内锁、折页检查；门板检查；胶条更换。

（4）紧急疏散门。

检修内容：紧急疏散门密封胶条更换；紧急疏散门门气弹簧更换；紧急疏散门门安全带更换。

（5）照明。

检修内容：车外照明系统功能检查；前照灯、尾灯更换；标志灯分解检修。

（6）车钩及缓冲器。

检修内容：检查、清洁、润滑自动车钩头；自动车钩气阀检修；检查和润滑半永久性车钩；清洁半永久车钩和气路连接。检查、润滑牵引装置和筒套卡环；校验手动解钩机构；检查调整车钩的对中功能。

3. 转向架

（1）轮对轴箱。

检修内容：轮对探伤检查；车轮镟修；轮对尺寸检测；拆装检修轮缘润滑装置。

轴箱组成分解及组装；轴箱定位节点更换；轴箱弹簧组成检修；轴箱弹簧探伤检查；拆装检修轴端速度传感器；联轴节探伤检修；拆装检修接地装置。

（2）构架及悬挂装置。

检修内容：摇枕、构架焊缝部位进行探伤；转向架排障器探伤；减振器修理；高度阀、差压阀检修；牵引拉杆修理；抗侧滚扭杆装置修理；空气弹簧组成检修；制动夹钳检修；齿轮箱组成探伤；齿轮箱分解检查；牵引电机外观检查；牵引电机进风滤网清洁；牵引电机修理；转向架组装后最终检查；转向架落成；转向架组装后试验。

4．牵引和电制动系统

（1）受电弓状态检查；受电弓碳滑板磨耗检查；受电弓绝缘子清洁；受电弓空气软管更换；受电弓（含阀板）状态检查；接地保护开关装置状态检查。

（2）高压隔离开关绝缘子清洁；高压隔离开关分解检修、部件润滑；高压电缆组件清洁、检查；车顶支撑绝缘子清洁、检查；高压连接铜导体；主断路器检查；高压设备箱检查、清洁。

（3）牵引变压器状态检查、滤网清扫；牵引变压器送风机分解检修；牵引变流器清洁、状态检查；牵引变流器原位检修，性能测定；牵引变流器盖板密封条更换；二次滤波电抗器滤网清洁；二次滤波电抗器本体清洁；自动过分相感应接收器外观检查。

5．空调和通风

（1）空调机组及控制柜。

检修内容：新风过滤网更换；空调控制系统检查和测试；通风机轴承更换。

（2）废排装置。

检修内容：无。

（3）司机室通风单元。

检修内容：司机室通风机轴承更换。

（4）司机室暖风机。

检修内容：发热元件更换；温控开关更换；轴流风机更换。

（5）辅助电源系统。

检修内容：蓄电池组检查等；浪涌保护装置检查；接地电阻器清洁；接触器箱电路检查、清洁；控制、辅助电路接线箱检查、清洁、密封胶条更换；外部电源连接器检查、清洁及橡胶密封圈和密封垫更换；配电柜、组合配电柜检查及清洁。

（6）空气制动及风源系统。

检修内容：制动网关单元（G）检修、试验；制动控制单元（S）检修、试验；风缸排水；截断塞门检查；排风塞门动作确认；制动管路检查、气密性试验；软管更换；双针压力表计量；主空压机分解检修、润滑油更换；辅助空压机检修、试验；空气干燥剂检查及更换；风笛试验；刮雨器水箱清洗；刮雨器电机碳刷更换；刮雨器刷片不良时更换。

（7）列车控制和诊断系统。

检修内容：列车管理系统检查。

（8）车载通信和乘客信息系统。

检修内容：广播控制盒功能检修；紧急报警功能检查；客室及司机室扬声器功能检查；LCD 乘客信息显示器检查；LED 动态电子地图检查；终点站 LED 显示器检查；贯通道 LED 显示器检查；司机室、客室车载通信和乘客信息系统机柜检查、清洁。

（五）五级修检修流程及项点

五级修工艺流程如图 2.2.5 所示。

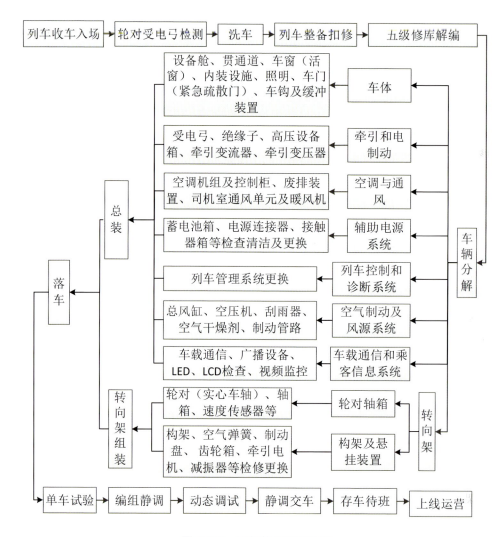

图 2.2.5　五级修工艺流程图

1．车体及内装设备

（1）贯通道。

检修内容：贯通道折棚检查及更换；顶板、渡板、侧护板状态检查及更换，更换侧护板裙边；贯通道的锁紧检查，检查贯通道与车体的螺纹连接；贯通道渡板铰链磨损检查；顶板磨耗条、渡板磨耗条检查及更换；更换端框/对接框密封胶条。

（2）车窗。窗玻璃状态检查和修理；前窗玻璃状态检查及更换；活窗的检查。

（3）内装设施。

检修内容：司机室座椅蒙面、发泡的更换；司机室遮阳板更换；客室座椅检查及蒙面、发泡的更换；扶手、立柱状态检查，防松压紧锁检查；地板、地板布、墙板及顶板检查；灭火器检查。

（4）司机台及电气柜。

检修内容：电气柜断路器更换；警惕设备和鸣笛控制开关（司机台警惕按钮、警惕脚踏开关、鸣笛脚踏开关）更换；门控按钮（司机台、侧屏）、鸣笛按钮、司机台和电气柜其他按钮其他开关更换；司机室指示灯开关更换；司控器更换；司机室电气柜设备及配线检查；司机室综合柜设备及配线清洁，司机室配电柜、操纵台清洁。

2．车门

（1）客室门。

检修内容：更换车门周圈密封胶条；更换平衡轮组件的滚轮；更换滚轮摆臂组件；更换携门架上的滚轮；更换端部解锁组件；更换左、右丝杆螺母组件；更换携门架上的橡胶缓冲头；更换门到位开关；更换锁到位开关；更换退出服务锁隔离开关；更换紧急解锁开关；更换紧急出/入口装置钢丝绳；客室侧门拆解修。

（2）司机室侧门：更换车门密封胶条；对门锁进行检修；更换窗玻璃胶条；司机室侧门拆解修。

（3）司机室后端门：内锁、折页检查；门板检查；胶条更换。

（4）紧急疏散门：紧急疏散门密封胶条更换；紧急疏散门门气弹簧更换；紧急疏散门门安全带更换。

（5）照明：LED 灯及灯具电源更换；前照灯、尾灯更换；标志灯分解检修。

（6）车钩及缓冲器。

检修内容：车钩拆装更换所有紧固件和磨损件；检查、清洁、润滑自动车钩头；自动车钩气阀检修；更换自动车钩安装螺栓；自动车钩电气连接器检修；检查和润滑半永久性车钩；清洁半永久车钩和气路连接；半永久车钩更换卡环螺栓缓冲器检修；缓冲器芯子更换。检查、润滑牵引装置和筒套卡环；校验手动解钩机构；检查调整车钩的对中功能。

3．转向架

转向架检修流程如图 2.2.6 所示。

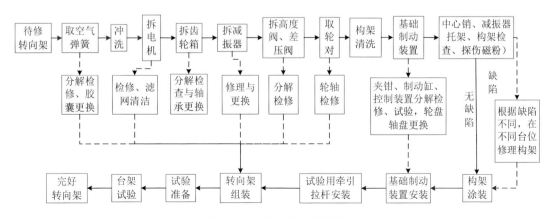

图 2.2.6　转向架检修流程

（1）轮对轴箱。

检修内容：轮对探伤检查；车轮镟修；轮对尺寸检测；车轮磨耗到限更换；拆装检修轮缘润滑装置。

轴箱组成分解及组装；更换轴箱轴承；轴箱定位节点更换；轴箱弹簧组成检修；轴箱弹簧探伤检查；拆装检修轴端速度传感器；拆装检修接地装置。

（2）构架及悬挂装置。

检修内容：中心销、减振器托架的关键部位焊缝及摇枕、构架所有焊缝部位进行探伤；转向架排障器探伤；减振器修理与更换；高度阀、差压阀检修；更换横向止档；牵引拉杆修理；抗侧滚扭杆装置修理；空气弹簧组成检修和胶囊更换；制动盘（轮盘）更换；制动盘（轴盘）更换；制动夹钳检修；齿轮箱组成探伤；齿轮箱联轴节探伤、修理；齿轮箱分解检查；齿轮箱轴承更换；牵引电机外观检查；牵引电机进风滤网清洁；牵引电机修理；转向架组装后最终检查；转向架落成；转向架组装后试验。

4．牵引和电制动系统

（1）检修内容：受电弓空气软管更换；受电弓（含阀板）状态检查、分解检修；接地保护开关装置状态修理。高压隔离开关绝缘子清洁；高压隔离开关分解检修、部件润滑；高压电缆组件清洁、检查；车顶支撑绝缘子清洁、检查；高压连接铜导体；避雷器分解检修；拆装主断路器（真空断路器）；高压设备箱检查、清洁。

牵引变压器分解检修、滤网清扫；牵引变压器送风机分解检修；牵引变流器清洁，分解检修；牵引变流器盖板密封条更换；二次滤波电抗器滤网清洁；二次滤波电抗器本体清洁；自动过分相装置主机及感应接收器分解检修；电流互感器状态检查。

（2）空调机组及控制柜。

检修内容：新风过滤网更换；空调控制系统检查和测试；新风阀、回风阀执行器更换；出风口密封胶垫更换；回风口密封胶垫更换；通风机轴承更换；冷凝风机轴承更换；辅助电加热器更换；蒸发器更换；冷凝器更换；压缩机更换；减震器更换；高、低压压力开关更换；电磁阀更换；干燥过滤器更换；控制柜断路器、接触器、继电器等更换。

（3）废排装置：废排风机轴承更换；废排风阀执行器更换。

（4）司机室通风单元：司机室通风机轴承更换；电加热器更换。

（5）司机室暖风机：发热元件更换；温控开关更换；轴流风机更换。

（6）辅助电源系统。

检修内容：蓄电池箱（含蓄电池组）分解检修；浪涌保护装置检查；接地电阻器分解检修、清洁；接触器箱电路绝缘值测试、检查、清洁；控制、辅助电路接线箱检查、清洁、密封胶条更换；外部电源连接器检查、清洁及橡胶密封圈和密封垫更换；电气连接器检查及清洁；配电柜、组合配电柜检查及清洁。

（7）空气制动及风源系统。

检修内容：制动网关单元（G）检修、试验；制动控制单元（S）检修、试验；风缸排水；风缸焊缝探伤；截断塞门检查；排风塞门动作确认；制动管路检查、气密性试验；软管更换；双针压力表计量；主空压机分解检修、润滑油更换；辅助空压机检修、试验；空气干燥剂检查及更换；风笛试验；刮雨器水箱分解检修；刮雨器电机碳刷更换；刮雨器刷片不良时更换。

（8）列车控制和诊断系统：列车管理系统更换。

（9）车载通信和乘客信息系统。

检修内容：LCD 乘客信息显示器更换；LED 动态电子地图更换；终点站 LED 显示器更换；贯通道 LED 显示器检查及更换；噪声检测器检查、清洁；司机室、客室摄像机更换。

第三章 市域铁路车辆基地设计

第一节 基地功能及分类

一、概 述

我国市域铁路车辆最高运营速度一般介于 100～160 km/h，牵引供电制式多样（交流+直流），具有长线路持续高速运营、快起快停（0.8～1.0 m/s²）、起停频繁、载客量大等特点。市域车辆运用检修设施是市域铁路重要组成部分，其技术水平直接影响市域铁路的安全运营。

市域铁路车辆采用"计划修＋状态修＋均衡修"相结合的维修模式，可以大幅度提高市域车辆检修及使用效率，确保车辆的安全性、可靠性。为此市域铁路车辆基地分为车辆检修基地、车辆段和停车场三个层级，各自承担的任务如下：

车辆检修基地：承担配属车辆的定期检修（三级修至五级修）、日常维修、临修以及运用整备和停放作业，并具有车辆管理功能、零配件储备及配送功能、信息管理功能以及线网车辆运用检修管理培训中心功能等。

车辆段：承担配属车辆的一、二级修、日常维修、临修以及运用整备和停车作业。根据线网规划、检修工作量以及运营管理模式，规模较大的车辆段可考虑设置三级修功能。

停车场：承担配属车辆的运用整备和停放作业，根据运营检修需要停车场可设置日常维修和临修功能。

二、国外市域车辆检修模式

（一）德 国

1. 维修模式和理念

以可靠性为中心的维修理念，维修模式按照"三个结合"原则实施，即计划修与状态修相结合，修理与保养相结合，换件修与专业化集中修相结合。

2. 维修体系

德铁维修体系由计划修和状态修及维修支持构成。

计划修：计划修指按照零部件的磨损、磨耗规律进行的定期修理，恢复其基本尺寸；按照部件可靠性变化的规律进行定期检测；按照部件的使用寿命定期换件修理；按照运行的状态变化进行定期保养。修理等级一般划分 A、B、C 三个等级。

状态维修：故障发生无规律，工作量难以准确掌握的维修均纳入状态修理范围。

维修支持：指制造商给予用户提供充分的维修支持，包括提供检修手册，培训服务人员，开发检修工具，以及提供互换配件等。

检修策略：以计划预防修为主，计划预防修与状态修相结合的体制；以运用维修为主，采用分解大修与运用维修相结合的体制。

（二）法国

法国城际（市域）铁路车辆检修一般由法铁管理，在车辆段内进行，段内可进行转向架检修、门窗、车辆翻新等大修项目。其检修特点如下：

（1）检修维护在保证安全的前提下，尽量减少维护时间，如巴黎 RER 车辆段，全列车（4 编）转向架换装仅需 3~4 小时；转向架检修从拆解为零件至组装完成仅需 1 周时间。

（2）月检（运行 3 万千米）分为安全检修及技术检修，其中安全检修时间为 0.5 天，技术检修为 2 天。

（3）大修通常在运行 100 万~150 万千米后进行，检修周期的确定与车辆故障统计、故障数据库紧密联系。

欧洲轨道交通检修，除了大修和意外事故外，大都采用不解钩整列进行检修的方式。采用不影响运用的检修工作模式，提高效率。检修工作分工细致，不同等级的检修工作都有专人负责。

三、国内市域铁路车辆检修模式

（一）直流制式车辆检修模式

市域直流供电车辆是在城市轨道交通 A、B 型车基础上升级改造而来，其运用维修模式应根据市域车辆运营特点，参考城市轨道交通车辆的运用维修理念，目前国内轨道交通车辆段检修仍然采取以计划预防检修为主、状态修为辅的策略。直流市域车辆维修初期可采用与现有地铁相同的检修模式，即"计划预防为主的检修"模式进行系统维护。

车辆检修宜采用日常维修和定期检修相结合的检修制度，车辆日常维修和定期检修的修程和周期应根据车辆技术条件、车辆的质量和既有车辆基地的检修经验制定。根据《地铁设计规范》（GB 50157—2013）的相关规定，地铁车辆日常维修和定期检修周期表如表 3.1.1 所示。

表 3.1.1 地铁车辆检修修程和检修周期表

类别	检修种类	检修周期		检修时间/天
		里程/万千米	时间间隔	
定期检修	大修	120	10 年	35
	架修	60	5 年	20
	定修	15	1.25 年	7
日常维修	三月检	3	3 月	2
	双周检	0.5	0.5 月	0.5
	列检	—	每天或两天	—

国内城市轨道交通直流供电制式车辆的检修修程、周期及停修时间，是基于日常维修和定期检修相结合的检修制度而确定的，车辆实行列检、双周检、三月检、定修、架修、厂修六级修程。各级修程主要检修内容如表 3.1.2 所示。

表 3.1.2 各级修程主要检修内容

修程	主要检修内容
列检	对受流器、控制装置、各种电气装置、转向架、制动装置、车钩缓冲装置、铰接装置、空调、车门、车体、车灯、蓄电池箱等主要部件进行外观检查；对危及行车安全的故障进行重点修理
双周检	系统功能检查，易损件检查更换，保持车辆状态，包含列检内容
双月检	对受流器、牵引电机、控制装置，各种电气装置、转向架、制动装置、车钩缓冲装置、空调、车门、车体、车灯、蓄电池箱等主要部件的技术状态和作用进行检查和必要的试验，对危及行车安全的故障进行全面修理
定修	卸下受流器、牵引电机、控制装置、转向架、制动装置、蓄电池等部件，对其技术状态和作用进行检查和修理，并进行必要的试验；对计量仪器、仪表进行校验；对其余主要部件的技术状态和作用做相应的检查和修理；修竣车的静调和试车
架修	卸下受流器、牵引电机、控制装置，各种电器装置、转向架、传动装置、轮对、轴承、制动装置、车钩缓冲装置、空调、车门、蓄电池等部件，对其进行分解、检查和修理，并进行必要的试验；对计量仪器仪表进行校验；对车体及其余部件的技术状态和作用做相应的检查和修理，车体油漆标记，修竣车的静调和试车

国内直流制式车辆检修各地随着运营经验的积累已经分别有了各自的检修模式，下面具体以上海、北京、广州和香港为例做简要的概述。

1. 上 海

上海地铁车辆目前也是普遍采用定期计划修和故障修相结合的计划性预防维修制度；采

用大架修合修的检修体制。上海自 20 世纪 90 年代初建成地铁 1 号线以来，车辆的运用检修还处于积累经验和逐步完善与总结的过程，基本上是依照车辆供货商建议的维修保养计划以及参照国有大铁路的检修模式，按照定点（在车辆段）、定时（按运用时限或公里数）、定量（不论车组技术状况如何，一律按检修规程进行分解、检查、修理、组装、试车、竣工交验）的方式进行。

随着上海地铁线网规模的飞速发展，传统的计划预防性检修体制虽然在很大程度上能够保障电客车的安全技术处于良好状态，但其无论从经济成本、技术成本还是管理成本上来说均存在越来越难以适应城市轨道交通运营管理水平发展的问题，车辆段的场地、设备以及人力等资源使用效率低，不能充分发挥车辆检修的规模效益。

轨道交通整个路网的车辆段、停车场的规划、布局、建设带来新的设计理念，可以缩减建设规模、提高经济效益、降低运营成本。要实现这一体制与机制的转变和创新，必须对地铁车辆的检修原则、地铁车辆的生产制造方式予以变革。

基于上述问题，上海地铁提出了对轨道交通车辆检修体制进行改革构想：

① 建立状态修和均衡修相结合的检修体制，实现故障部件换件修和大型部件集中修。

② 建立专业化的生产和维修工厂，实行地铁车辆大（厂）架修集中修。

③ 地铁车辆除大（厂）、架修外的其他修程以换件修为主，零部件集中修。目前，上海地铁在建立专业化的生产和维修工厂，实行地铁车辆大（厂）架修集中修以及实行部件集中修的构想中迈出了实质性的步伐；其根据地铁车辆的不同供货商，分别与阿尔斯通、庞巴迪、西门子分别成立了合资公司，负责各自生产的电客车大架修工作。同时，将同一供货商的部件也集中到一处进行大修。

2. 北 京

北京地铁目前由两家公司负责管理，分别是北京地铁运营有限公司和北京京港地铁有限公司。两家公司相互独立，但均采用传统的根据里程和时间进行计划预防性维修的方式。

北京地铁采用的是厂修与架修分修的体制，即成立车辆厂专门承担地铁电客车的厂修任务；电客车的架修及以下修程则由各线车辆段承担。

北京地铁运营有限公司负责对地铁电客车检修工作统一规划综合平衡，组织制定和修改电客车检修有关标准、电客车厂修、架修、定修及验收范围。审批厂、架、定修年度计划和加装改造计划。

各运营分公司负责所属线路运营车辆的日常运营、维修和管理工作；负责所属电客车的列检、临修、月修、定修、架修等修程工作；负责所属线路运营车辆的保洁以及车厢内各种服务和设施的维护工作；负责安排厂修车辆的返厂、接车工作；负责所属电客车修程后的技术状态确认工作；负责所属线路更新车辆的验收工作。

3. 广 州

广州地铁的车辆维修由地铁总公司运营总部下属的车辆中心负责。根据广州地铁各线路车辆选型的不同，车辆中心设置了 A、B、L 型车维修部、大修部、设备车间、综合部、技术研发部和新线发展部等部门。维修部完成车辆一般性维修和车辆单设备维修；大修车间完成车辆大架修；综合部和技术研发部协调完成物资、技术和安全等工作。

2013 年年初，运营总部组织构架进行了较大的调整，其维修组织模式也发生了较大变化。根据当前开通运营的线路成立了四个运营中心和一个基地维修中心负责车辆及设备设施的保养检修工作。其中，运营中心下属的车辆维保部负责所管线路的车辆日常性维修和保养工作；基地维修中心设置车辆大修部、电子电气部和工务机械部负责地铁车辆大架修和零部件集中维修。

广州地铁目前也是采取传统的计划预防性维修的模式，分为一般性维修、架修和大修。一般性维修分为日检、双周检、月检、半年检、年检等修程；以走行公里数或使用年限为单位进行架修和大修。

广州地铁采用的也是大架修合修的检修体制。由于采用了 A、B、L、APM 4 种车型，线网分别针对 4 种车型设置了 4 类大架修基地，分别承担各自车型的大架修任务。

对于车辆部件计划维修，也借鉴了国外铁路大部件换修的维修经验，考虑线网性部件的集中修。2006 年，广州地铁新增了电客车轮对维修基地和车辆部件维修车间。随着运营总部组织构架的调整完成，零部件集中维修的理念也越来越清晰，甚至已拓展到整个地铁系统包括车辆以及其他设备系统相关通用零部件的集中修理。

4. 香 港

香港地铁列车的维修工作由 5 个车厂负责，分别为九龙湾车厂、荃湾车厂、柴湾车厂、将军澳车厂及小蚝湾车厂。每个车厂除了负责为相应行车线的电动车组提供电力外，亦设有停车设施、洗车设施与预防及纠正性维修设施，例如起重及顶升设备。

香港地铁车辆维修主要分为一线维修和二线维修。一线维修以车辆走行公里为单位，二线维修以车辆运行年限为单位。

根据车辆的走行公里数安排不同级别的一线维修。香港地铁的一线维修以系统检查、清洁为主，二线维修是车辆在专门的维修车间用专用的设备做分解检修，其维修级别根据车辆的运用时间而定。香港地铁一线维修车，车辆的检修是利用"维修窗"时间完成，而内地地铁需要专门停车库检修列车。因此，香港地铁车辆利用率比内地要高，在车辆保有量相同的情况下，一日可以多上线 2 ~ 3 列车。

车辆维修采用流水线式维修方式，一线维修和二线维修车间采用流水线式维修作业，必须按照维修程序和管理制度维修车辆。

（二）交流制式车辆检修模式

我国交流制式市域车辆主要是在国铁动车组平台进行适应性改造而来，国铁干线动车组检修是计划性的预防检修，是以先进的检修检测设备为基础，以高度信息化的管理系统为支撑，在引进国外动车组检修理念和检修标准的基础上，通过管理模式和检修方法的全面创新，确保实现动车组安全运行、高效率使用的目标。

交流制式市域铁路车辆与 CRH6 型城际动车组车型技术平台较接近，其修程修制可参照我国动车组分级检修模式，同时借鉴国内外轨道交通车辆修程修制确定市域铁路车辆检修周期及检修内容。动车组检修周期主要以运行里程为主，其检修周期见表 3.1.3。

市域铁路车辆介于高速动车组与城市轨道交通车辆之间，检修周期的确定需综合考虑运行速度、车辆配置形式、运行组织特点等因素，并充分考虑运行安全性。根据市域铁路车辆特点，参照 CRH 系列动车组修程修制，借鉴国外成熟运用的 120 ~ 160 km/h 动车组修程修制经验，并结合市域铁路运营方式与城市轨道交通共通特点，采取以计划预防检修为主、状态修为辅的策略；结合日车公里，对检修周期进行适应性优化；针对市域车辆快启快停、大运量的特点，对走行部、制动等关键部位检修进行优化。

市域交流制式车辆的修程分为一级检修至五级检修共五个等级，各级修程的检修周期按下列规定执行：车辆的一、二级检修在车辆段或检修基地进行，是利用车辆运用间隔时间，主要通过人工目视检查和车载安全诊断系统对动车组技术状态进行检查与检测，及时消除各类设备故障。车辆的三级检修在检修基地内进行，是在车辆停运状态下，重点对转向架进行分解检修。在三级检修时，车辆根据检修设施配置情况可不解编。车辆的四、五级检修在检修基地内进行，是在停运状态下对整车、各系统和各主要零部件进行彻底的分解检修，并进行相关试验。在四、五级检修时，车辆需要解编。

市域动车组的修程修制，针对区别于国铁动车组的特性，在运用方面宜采用公交化运营模式，按套跑交路组织开行方式，通过动车组周转提高利用率，科学、合理地配属套数，节省投资；在维修方面，运用维修模式可秉承 CRH 动车组的运用维修理念，采用国内动车组成熟的维修体制。根据《市域铁路设计规范》(T/CRS C0101—2017)，车辆的检修周期如表 3.1.3 所示。

表 3.1.3　市域动车组五级修程修制

类别	检修修程	维修间隔		检修时间
		走行公里 /万 km	时间间隔	
定期检修	五级修	180 ~ 240	12 年	45 天
	四级修	90 ~ 120	6 年	35 天
	三级修	45 ~ 60	3 年	15 天
日常检修	二级修	1.5 ~ 20	1 ~ 12 月	8 小时
	一级修	0.15	2 天	2 小时

四、车辆基地主要功能

（一）车辆检修基地主要功能

车辆检修基地作为市域铁路的运用、检修、材料和后勤保障的总基地，其功能应体现为成网的市域铁路服务，因此车辆检修基地具备以下基本功能：

（1）车辆停放及日常保养功能——市域轨道交通车辆的停放和管理；车辆的外部洗刷、内部清扫及定期消毒；司乘人员每日出、退勤前的技术交接；对运用车辆的日常保养及一般性临时故障的处理等。

（2）车辆检修功能——市域车辆的一二级修、年检及临修、高级检修等。

（3）设备维修功能 负责本线车辆段与停车场配属的各种设备的维护和检修，设备的厂修外委。

（4）列车救援功能——列车发生事故（如脱轨、颠覆）或接触网中断供电时，能迅速出动救援设备起复车辆，或将列车牵引至邻近车站或车辆段，并排除线路故障，恢复行车秩序。

（5）系统维修功能——对市域轨道交通各系统，包括供电、环控、通信、信号、防灾报警、自动售检票、给排水、自动扶梯等机电设备和房屋建筑、轨道、隧道、桥涵、车站等建筑设施进行维护、保养和检修等。

（6）材料供应功能——负责市域轨道交通系统在运营过程中，所需各种材料、设备器材、备品备件、劳保用品以及其他物资的采购、储存、保管和供应工作。

（二）车辆段主要功能

车辆段作为市域铁路的运用、检修、材料和后勤保障基地，其功能应体现为整条市域铁路服务，因此车辆段应具备以下基本功能：

（1）车辆停放及日常保养功能——市域轨道交通车辆的停放和管理；车辆的外部洗刷、内部清扫及定期消毒；司乘人员每日出、退勤前的技术交接；对运用车辆的日常保养及一般性临时故障的处理等。

（2）车辆检修功能——市域车辆的一二级修、年检及临修等。

（3）设备维修功能——负责本线车辆段与停车场配属的各种设备的维护和检修，设备的厂修外委。

（4）列车救援功能——列车发生事故（如脱轨、颠覆）或接触网中断供电时，能迅速出动救援设备起复车辆，或将列车牵引至邻近车站或车辆段，并排除线路故障，恢复行车秩序。

（5）系统维修功能——对市域轨道交通各系统，包括供电、环控、通信、信号、防灾报警、自动售检票、给排水、自动扶梯等机电设备和房屋建筑、轨道、隧道、桥涵、车站等建筑设施进行维护、保养和检修等。

（6）材料供应功能——负责市域轨道交通系统在运营过程中，所需各种材料、设备器材、备品备件、劳保用品以及其他物资的采购、储存、保管和供应工作。

（三）停车场主要功能

停车场作为市域铁路的运用、检修、材料和后勤保障基地，其功能应体现为整个市域铁路服务，因此停车场应具备以下基本功能：

（1）车辆停放及日常保养功能——市域轨道交通车辆的停放和管理；司乘人员每日出、退勤前的技术交接。

（2）设备维修功能——负责本线车辆段与停车场配属的各种设备的维护和检修，设备的厂修外委。

（3）列车救援功能——列车发生事故（如脱轨、颠覆）或接触网中断供电时，能迅速出动救援设备起复车辆，或将列车牵引至邻近车站或车辆段（停车场），并排除线路故障，恢复行车秩序。

（4）系统维修功能——对市域铁路各系统，包括供电、环控、通信、信号、防灾报警、自动售检票、给排水、自动扶梯等机电设备和房屋建筑、轨道、隧道、桥涵、车站等建筑设施进行维护、保养和检修等。

（5）材料供应功能——负责市域铁路在运营过程中，所需各种材料、设备器材、备品备件、劳保用品以及其他物资的采购、储存、保管和供应工作。

第二节　基地规模设计

一、基地规模设计原则

车辆基地的规模设计在宏观上需选择合理的位置，通过设置不同级别的车辆基地以最大便利原则满足线路上运行动车组检修作业要求；在微观上需考虑各运用以及检修设施的平面布局以及空间布置，以满足各种检修工艺要求。车辆基地根据功能和规模大小划分为车辆检修基地、车辆段和停车场。基于以上两点车辆基地的布局主要原则如下：

（一）与客运量相适应

车站断面客流是列车开行方案的决定因素，列车开行方案是配置车辆数量的决定性因素，与此同时车辆数量与车辆运用间隙工作量相对应。为保证车辆的运用和维修需求，尽可能实现检修资料集中化，以减少工程投资。

（二）与城市规划相符

市域铁路车辆基地占地大，而市域（郊）地区拆迁、征地成本相对较高。在车辆基地选址时，应避免与城市规划冲突。

（三）与线网规划相符

在线网规划中考虑几条线路共用车辆检修基地，合理考虑车辆运送检修距离，最大限度地实现检修资源的共享共用。

（四）一次规划，分批建成

各个城市的市域铁路线网处于不断发展的过程中，车辆基地也应根据线网的发展建设，规划时考虑近远期发展，以近期规模建设为主，预留远期扩建条件，避免影响其正常运营以及重复建设和废弃工程。

二、基地规模设计

车辆基地的规模由配属车辆的各级检修工作确定，车辆基地内各个检修设施按照功能可分为运用整备设施、检修设施以及综合维修设施。运用整备设施主要完成车辆的存车、整备以及日常维修等作业；检修设施主要按检修作业要求和检修规程完成定期检修作业内容；综合维修主要完成线路的日常养护、临时补修和抢修、巡检等工作。

车辆基地的各级检修列位数量应根据年检工作量、年工作天数、作业时间、不均衡系数按公式确定：

$$H = S \times T \times \beta / D$$

式中　H——检修库列位数（列位）；

S——年检修工作量（组）；

T——库停（作业）时间（d）；

β——不均衡系数，取值范围为 1.1 ~ 1.4；

D——年工作天数（d），日常维修为 365 d，定期检修为 250 d。

第三节　基地工艺布局

至 2020 年，北京、上海、广州等 20 余座大中城市已规划或在建市域铁路，总体规划里程超 7 000 千米，预计需配套建设 200 余座车辆基地。市域铁路速度目标值、日车公里数均较地铁更高，线路条件、车辆运用较国铁更恶劣，直接沿用国铁地铁车辆运维保障技术势必造成建设用地、土建工程和机械设备的大量浪费。

市域铁路车辆采用了"计划修+状态修+均衡修"的检修模式，考虑城市线路规划、运行交路、配属车数、联络线设置以及检修设施分布等因素，结合市域车辆运用于检修特点，我国市域铁路运用检修设施确定了按车辆检修基地、车辆段以及停车场三级规划，车辆检修设施需结合线网规划统筹考虑，车辆日常检修设施（日常整备或一二级修）一般分散设置于各线，车辆定期检修（大架修或三四五级修）设施一般由线网统筹考虑，集中设置。

一、"修造合一"工艺布局

2010 年以来，国内掀起城市轨道交通建设高潮，为了减少城市轨道交通车辆的远距离输送，部分城市采取到当地建厂以降低车辆运输时间。2013 年，以温州市铁路与轨道交通投资集团有限公司为代表的地方城市轨道交通运营单位提出"温州车，温州造"的方案，并建成了国内首个市域铁路车辆修造基地。紧接着，广州、武汉、成都等地为适应当地轨道交通发展需求，结合后期车辆检修需求增加因素，相继把部分车辆新造业务搬至使用现场，修建了本地的车辆修造基地。

随着线路的运营，新造车辆需求逐渐减少，各地地铁车辆基地闲置或亏损比较普遍，如何有效利用新造装备，提高车辆基地的利用率成为亟待解决的难题。为了避免出现类似地铁车辆基地闲置的情况，本文采用可视化仿真、流水节拍仿真、检修工艺流程三维仿真模拟手段，完成了对三四五级检修工艺和新造工艺的详细分析，提出新造车辆和三四五级修的总装、涂装、单车试验、编组静调及物流部分厂房可兼容共享，最终确定了集车辆总装、静调、调试、涂装及转向架五大系统定期检修工艺布局方法以及"修造合一"的总图工艺布局，如图3.3.1 所示。

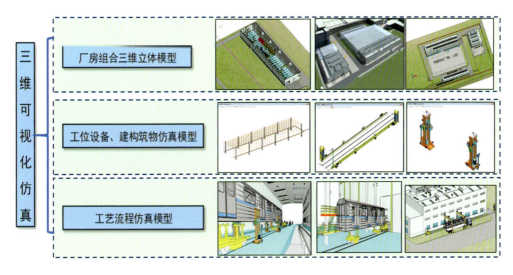

图 3.3.1 三维可视化仿真框架图

市域车辆新造工艺包括车体、转向架、涂装、总装、单车试验和调试等。其中车体和转向架的制造工艺复杂，工艺设备设施昂贵，建设投资很高，在产能不高的情况下，车体和转向架制造一般由车辆厂提供。因此，对于车辆修造基地的新造工艺，主要为车辆的总装工艺、涂装工艺和调试工艺，如图3.3.2 所示。

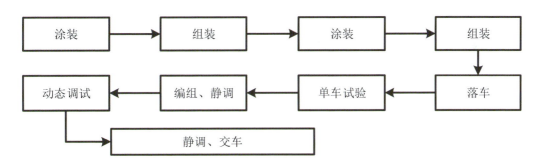

图 3.3.2 市域车辆新造工艺流程

定期检修主要包括市域车辆的三、四、五级修，车辆一、二级修在车辆段内完成。三级修涉及的主要检修内容有贯通道磨耗件的更换、车钩气阀及气路的检修和清洁、车门锁的检修、门板检查、转向架检修（分解检修）、高压电气设备箱检修、牵引电机检修、风笛试验等，如图3.3.3 所示。

市域车辆的四、五级修涉及的主要检修内容包含三级修的所有内容，另外还需对车内设备、车钩缓冲器、车门、空调、转向架、牵引制动、辅助系统等系统进行全面分解检修，如图3.3.4 所示。

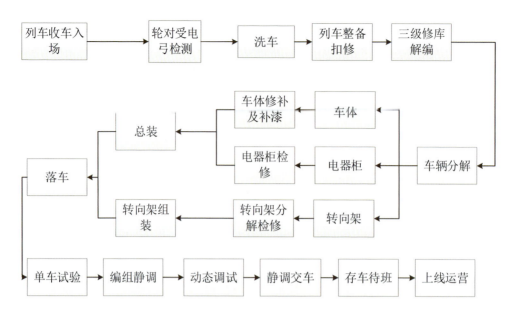

图 3.3.3　市域车辆三级修工艺流程

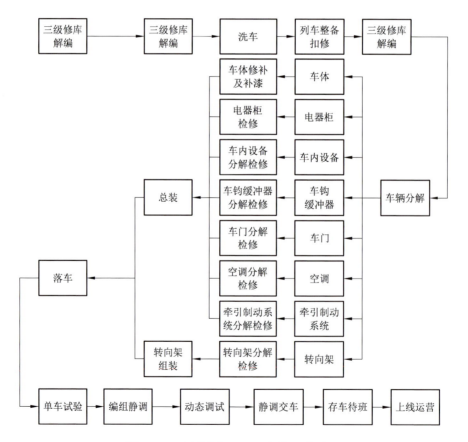

图 3.3.4　市域车辆四、五级修工艺流程

该工艺布局，采用检修和制造共址、共线、共库、共台位的检修方法，实现了资源整合以及人才共享，在基地使用前期以制造为主，后期则以车辆检修为主、制造为辅，节省工程投资和土地占地面积，大幅度提升了修造台位和设备工装的利用率。

总装库与配管配线及配台中心合建的组装联合厂房主要完成车辆组装和配线拼装。其中总装库长 220 m、宽 18 m，库内设置 2 条股道，每股道 6 个台位，共 12 个台位。配管配线及配台中心库长 220 m、宽 24 m，配管配线在厂房东侧，完成各类大线、小线存放与下料，配台中心用于组装用材料及零部件的存放，联合厂房北侧设置三层的车间辅助用房。总装台位库房尾部设置室内移车台，总装厂房内形成 U 形流水修整体工艺方案。

涂装库与单车试验库合建，其中涂装库库长 60 m、宽 30 m，库内共布置 3 股道。由北到南布置如下：第 1 股道设防寒材台位及准备台位各 1 个；第 2 股道油漆及准备台位各个；第 3 股道设地板布及准备台位。单车试验厂房长 60 m、宽 33 m，库内布置 3 条铁路线，设整备、落车、准备、称重、限界、淋雨台位各 1 个，交验台位 3 个。

三级修车辆需拆离转向架和电气柜等进行分解检修，完成检修后重新进行组装（即电气柜等安装和落车）；四五级修除以上部件外还需将所有其他零部件从车体分解拆离进行部件分解和检修，车体完成涂装后安装检修后的（或更换新的）零部件。除分解和部件检修外，三四五级修车辆总装各工艺均可在新造车辆总装厂房内完成，所需设备配备基本一致，可进行整合，如图 3.3.5 所示。

图 3.3.5　总装库

车辆三、四、五级修与新造在完成组装后均需进行落车、淋雨、检查、交车、称重等试验，试验内容与流程均一致，所需设备设施均相同，可以整合，新造和检修单车试验设施共用。淋雨台位如图 3.3.6 所示。由于部分工位无法采用双班制，检修能力配置上适当考虑新造与检修需求重叠的因素核算厂房能力和规模。

新造车辆的涂装工艺包防寒材安装、二遍面漆、分色、地板布铺装；检修车辆的涂装工艺包括面漆打磨、腻子找补、局部防寒材安装和地板布检修等。新造时二遍面漆和分色作业在面漆喷漆台位完成，检修时面漆打磨可在二遍面漆喷漆台位完成，如图 3.3.7 所示；面漆打磨后破损的腻子层可在涂装台位上人工进行找补，完成后仍需在涂装台位进行二遍面漆重新喷涂和分色；其余防寒材安装和地板布铺装台位可同时满足新造和检修需求。

图 3.3.6　淋雨台位

图 3.3.7　油漆台位

　　分析市域新造工艺和高级修中总装、涂装和调试中的设备设施基于"车辆解编，分体检修"的工艺流线理念可实现资料共享，具体指三层工作平台、喷漆台位、淋雨台位、落车台位、称重台位、静调电源等均可实现资源的共享共用，实现新造设施在检修中的 100% 的利用，避免了后期新造设施闲置。同时灵昆修造基地地处沿海滩涂，如图 3.3.8 所示，地质条件为深厚软土，软基处理费用较高，"车辆解编，分体检修"的工艺理念可省去高级修库前咽喉股道，在不影响工艺效率的前提下节省项目工程投资。

图 3.3.8　灵昆修造基地

移车台作为车辆在各个台位之间流转的"大动脉"，工艺设计时选用了双列位移车台，旨在提高车辆在各个库房间转运的效率，防止因移车台转运制约整体流水修造工艺效率。如图 3.3.9～3.3.11 所示。

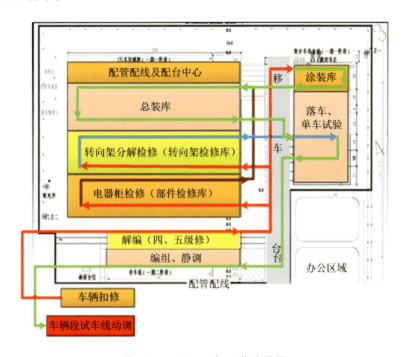

图 3.3.9 四、五级工艺流线图

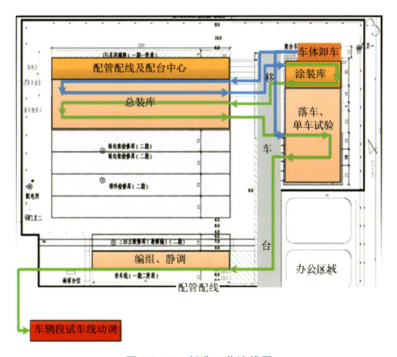

图 3.3.10 新造工艺流线图

图 3.3.11　双列位移车台

二、集约高效日常检修总图布置

我国地铁车辆段日常检修如图 3.3.12 所示，分为停车列检和双周三月检，列检作业和停车台位共库设置，双周三月检单独设置检修库。其特点为：检修作业场地分散，检修人员及工器具在不同台位间流动，即"人动车不动"，检修人员效率及工器具利用率均较低、占地面积较大。

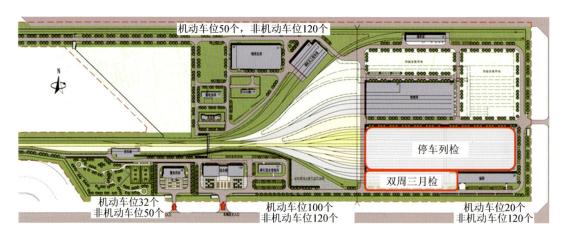

图 3.3.12　常规地铁车辆段总图布置

基于"停检分离，检修集中"的运维理念，创新了"停检分离"的检修总图布置方式，检查库集中办理市域铁路车辆的日常检修作业，停车场承担市域铁路车辆停放和发车作业，车辆经过检修作业后返回停车场停放，即"车动人不动"，从而实现检修人员及工器具的集约利用，提高工作效率，节省投资及用地。桐岭车辆段如图 3.3.13 所示。

图 3.3.13　桐岭车辆段鸟瞰

　　考虑到横列式布置车辆调车作业频繁，发明了一条检查库线对应两条存车线的总图布置方式，从而实现车辆段内的检查库线能够连续检修作业。根据仿真结果分析，采用该种检修布局，检查库线空闲率由之前的 21% 降低为 8%。该布置方式在温州灵昆车辆段及台州等城市工程项目中得到应用，如图 3.3.14 所示。

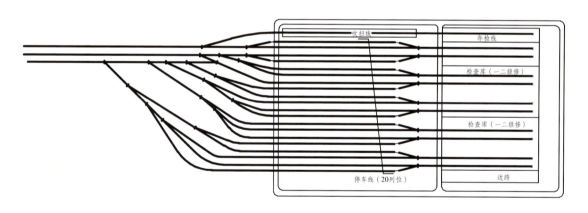

图 3.3.14　一条检查库线对应两条存车线总图布置

三、功能集约的总平面布置

　　随着高铁成网运行，我国既有普速铁路出现能力富余，可利用其改造开行市域（郊）列车，车辆运用检修设施作为必备条件，但往往受既有条件限制，如场地狭小，存在总平面布置困难的问题，该问题急需解决。宁波至余姚市域铁路，是利用既有萧甬线的富余能力开行市域列车的典范。

该线线路长仅 48 km，配属车较少，由于余姚、宁波以及杭州无富余动车设施可供利用，车辆回送至上海则付出较大时间成本，经研究需在余姚既有小型货场用地范围内新建车辆运用检修设施。

如图 3.3.15 所示，余姚动车运用所整个区域呈东西方向横向布置于既有余姚站及东江的狭长地带之间，动车运用所设检查库线 2 条（仅做一级修，兼具转向架更换功能）、轮对踏面及受电弓诊断线 1 条、牵出线 1 条。

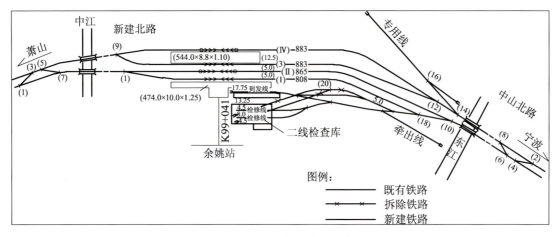

图 3.3.15　余姚站所关系示意图

检查库及边跨位于动车运用所西侧，库前 1 股道设置轮对踏面及受电弓诊断棚，牵出线位于动车运用所东侧，检查库线及牵出线通过交叉渡线与城际到发线相连。动车运用所东南侧设置空压机间、整备用房及给水加压站。检查库周边设有消防道路，可满足消防要求。动车运用所对外设有 1 个出口（动车运用所东南角）。

第四节　工艺流程仿真

一、概　况

由于市域铁路车辆修造基地既有新造车辆作业需求，又有车辆检修作业需求，其工艺流程与车辆段（所）及传统车辆工厂均有较大不同，为保证基地工艺实施的可靠性和可行性，特采用三维仿真技术对市域车辆修造基地修造工艺进行仿真研究，再现基地新造和检修工艺流程，以保证方案质量、避免工程实施时出现疏漏、差错以及重大方案的缺陷。

三维仿真技术的优点：采用二维 CAD 设计手段和平面图纸表达工艺设计，是常规车辆段（所）及工厂设计中常用的手段，在生产库房功能单一、生产工艺比较成熟的前提下是比较经济可行的方法。市域车辆修造基地的工艺设计则有一些不同，首先是修造基地需同时满足市域铁路车辆新造和高级修的生产需求，修造工艺交叉后库房功能变得更加复杂，此外市域动车组作为一种全新的车型，其生产和检修工艺均与既有车辆不同，两种全新的工艺结合后与既有各种轨道交通新造和检修工艺差别加大。因此，修造基地生产库房需同时完成两种不同的工艺流程，其采用全新的工艺流程可参考资源较少，在这种情况下，再采用二维平面设计手段难以直观反映错综复杂的三维空间工程问题，特别是多种工艺流程的交叉问题，二维设计更是难以表达。修造基地的生产工艺流程复杂，装备系统中每一个设备的外形尺寸、基础安装要求复杂，库内多工位多工艺流程的立体交叉，厂房结构（钢结构，沟、槽、管、洞）、通风采光，暖通空调、给排水等设计内容需要多专业与工艺专业综合协调并集成，由于二维设计手段在建立对设计空间的精准理解时易出现理解偏差，通常在工程进行过程中或完工后会发现这样或那样的疏漏、差错，严重的甚至产生重大方案缺陷，造成投资浪费和建设工期的延误。因此，采用三维仿真技术、再现工程实施后场景，在理论研究阶段就预测变化，从而避免了二维设计可能带来的问题。

二、市域铁路车辆新造工艺模拟

本次研究着重于修造基地工艺的三维仿真，针对基地市域车辆新造工艺和市域车辆高级修（三四五级修）的工艺流程进行模拟，力求工艺方案的完整、严谨、顺畅，以达到建成后一次性试修成功的目的。

（一）软件平台

为了更加真实的模拟实际检修环境，需要对设备的外形、动作、布置及检修人员的作业空间进行精确建模，要求三维模型精度较高。研究中选用了 Bentley 公司的 MicroStation 软件，对检修工艺进行动态仿真模拟，模拟真实检修环境，进一步验证和校正前述研究方案。

（二）修造基地三维模型组成

为实现对动车组高级修的三维仿真研究，三维模型主要由以下部分组成：

1. 厂房组合三维立体模型

如图 3.4.1 所示，市域铁路车辆修造基地厂房部分包括：总装联合厂房、涂装及单车试验联合厂房、静调厂房等三大厂房及部分室外构筑物，三维建模如图 3.4.2 所示。

为展现修造工艺，着重对三大库房内各工位设备、建构筑物进行精确建模，为后续装配总成以及工艺模拟做好前期基础工作。库内主要设备及构筑物三维立体模型如下：

（1）三层作业平台。

三层作业平台在本基地中有两处厂房使用：一处是总装厂房中，另一处是单车试验厂房，均为单元式三层作业平台，如图 3.4.3 所示。

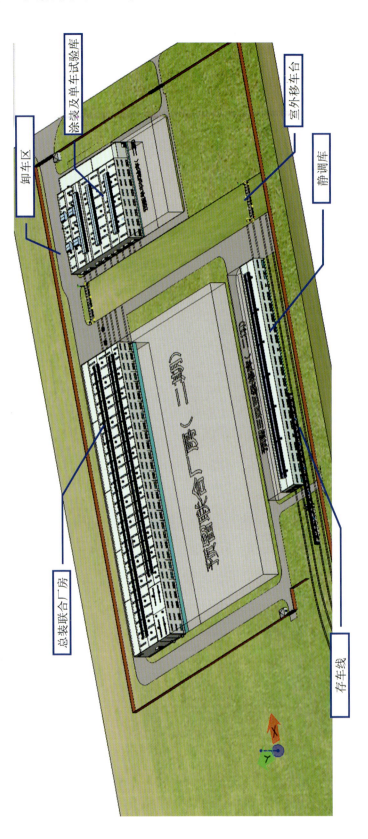

图 3.4.1 修造基地厂房组合及外场景模型

图 3.4.2　设备及室外建构筑物三维立体模型

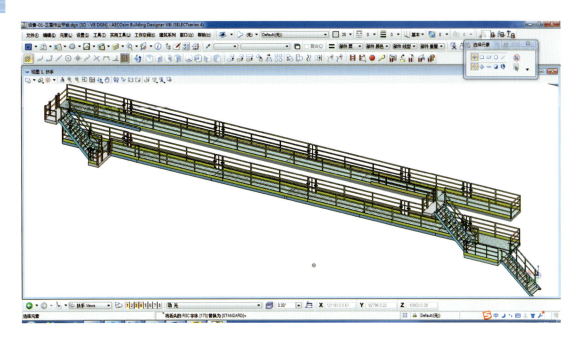

图 3.4.3 单元式三层作业平台模型局部

（2）架车机。

单车试验厂房中设置移动式架车机，用于车辆的架车、转向架的组装，如图 3.4.4 所示。

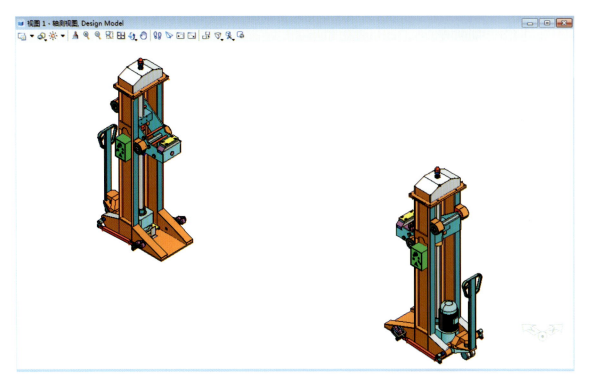

图 3.4.4 移动式架车机模型

（3）天车。

总装库内配有 3.2/10 t 双梁桥式天车（见图 3.4.5）和 5 t 单梁天车，便于车顶设备起吊拆装。

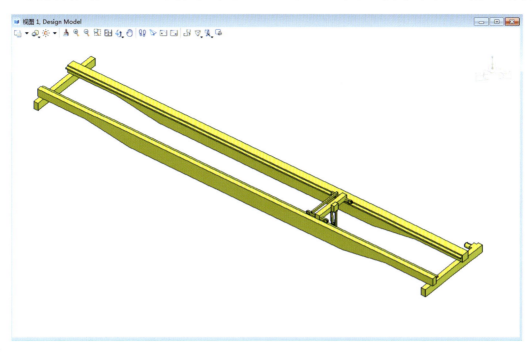

图 3.4.5　3.2/10 t 双梁桥式天车模型

（4）室内移车台。

室内移车台如图 3.4.6 所示。

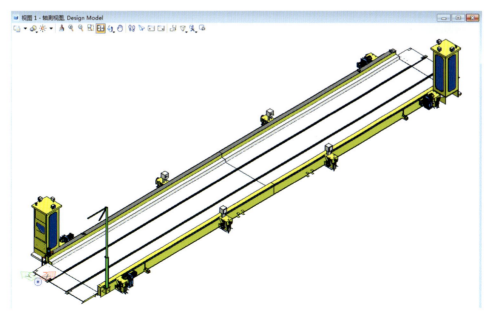

图 3.4.6　室内移车台模型

（5）登顶平台。

静调库内设置了登顶平台，如图 3.4.7 所示。

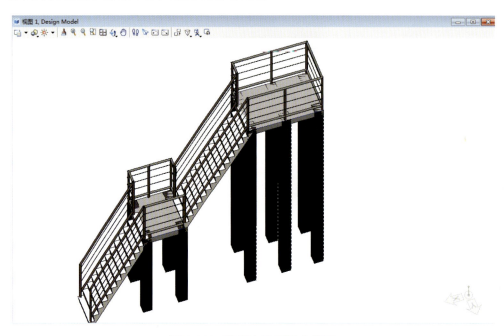

图 3.4.7　静调库登顶平台模型

（6）登车平台。

涂装及单车试验厂房内设置了登车平台，如图 3.4.8 所示。

图 3.4.8　登车平台模型

（7）移动式设备。

由于检修及装配需求，室内配有相关移动式设备，如图 3.4.9 和图 3.4.10 所示。

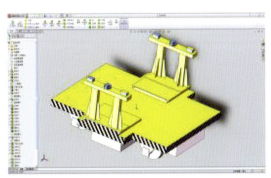 

图 3.4.9　工艺转向架模型　　　　图 3.4.10　公铁两用牵引车模型

（8）淋雨设备。

涂装及单车试验厂房内配有淋雨设备，如图 3.4.11 所示。

图 3.4.11　淋雨台位模型

（9）限界门。

涂装及单车试验厂房内配有限界门设备，如图 3.4.12 所示。

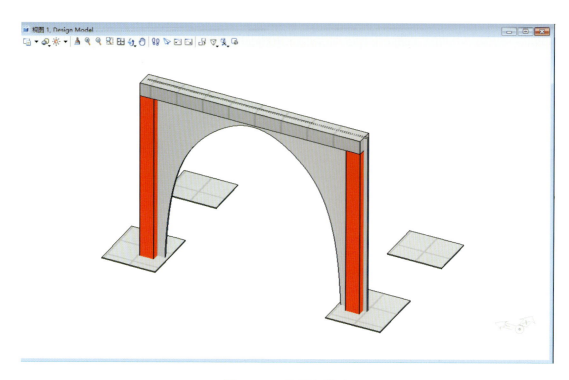

图 3.4.12　限界门模型

2. 总装联合厂房三维立体模型

总装联合厂房三维效果如图 3.4.13 所示。总装厂房三维模型如图 3.4.14 所示。总装厂房库内模型如图 3.4.15 所示。

图 3.4.13　总装联合厂房三维效果图

图 3.4.14　总装厂房三维模型

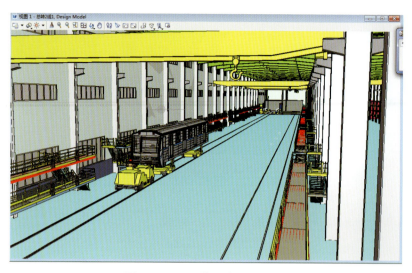

图 3.4.15 总装厂房库内模型

3．涂装及单车试验厂房三维立体模型

涂装及单车试验厂房效果图如图 3.4.16 所示。涂装及单车试验厂房如图 3.4.17 所示。涂装及单车试验厂房局部如图 3.4.18 所示。

图 3.4.16 涂装及单车试验厂房效果图

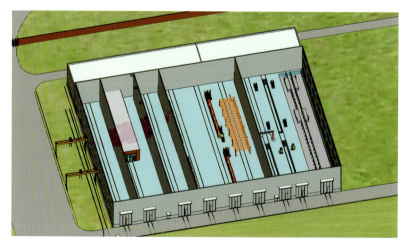

图 3.4.17 涂装及单车试验厂房

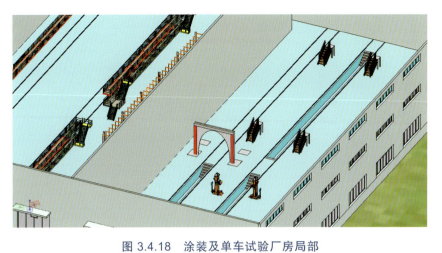

图 3.4.18　涂装及单车试验厂房局部

4．静调库三维立体模型

静调库效果图如图 3.4.19 所示。静调库三维模型如图 3.4.20 所示。静调库局部图如图 3.4.21 所示。

图 3.4.19　静调库效果图

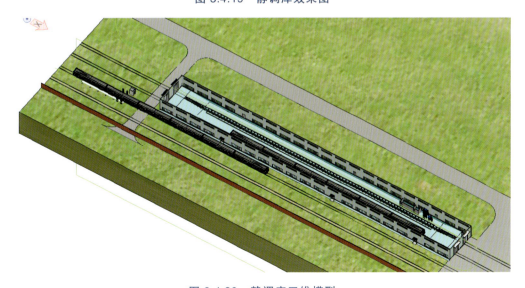

图 3.4.20　静调库三维模型

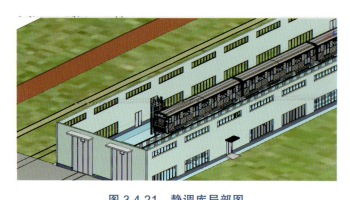

图 3.4.21   静调库局部图

（三）工艺流程模拟

1．车体、转向架进厂卸车

车体及转向架由车辆工厂负责生产，并经公路运输至厂区，在厂区东北角涂装库北侧库外设卸车区。车体、转向架利用龙门吊卸至卸车线上，如图 3.4.22 所示。

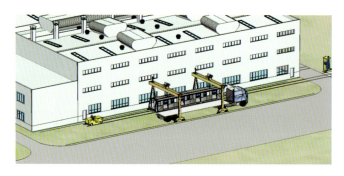

图 3.4.22   车体（转向架）卸车

2．总装（涂装前）

车体通过龙门吊卸至卸车线上利用工艺转向架落车后，通过室外移车台转轨至总装库，如图 3.4.23 所示。在总装库完成涂装前总装工艺。

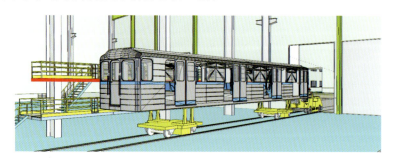

图 3.4.23   车体转轨至总装库

3．车体涂装

总装后的车体经由室外移车台转轨移至对侧的总装库，完成二遍面漆、地板布铺装和防寒材安装，如图 3.4.24 所示。

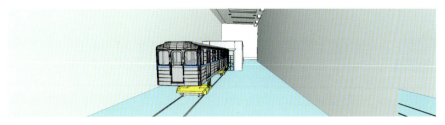

图 3.4.24　涂装

4．总装（涂装后）

完成涂装作业的车体经由移车台转回总装库，完成车内、车下等设备安装，如图 3.4.25 所示。

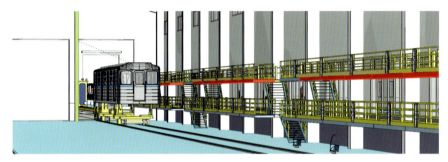

图 3.4.25　总装（涂装后）

5．单车试验

车体总装完成后进入单车试验库进行落车、称重、淋雨及检查作业，如图 3.4.26 所示。

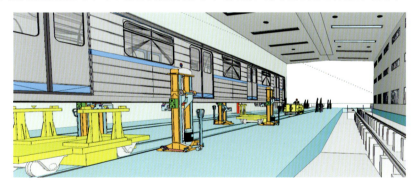

图 3.4.26　单车试验

6．编组静调

完成单车试验和检车的车辆通过移车台移至静调库，开展编组和静调工作。

7．动态调试

调试库内动车组调试完毕，出库通过咽喉区牵出线调出至牵出线，然后进入段内试验线进行运行试验。

市域铁路车辆运用检修关键技术及装备

第一节　车辆运用与一二级修相关技术及装备

一、洗车机

列车外皮清洗机运行方式分为固定式和移动式。固定式是指设备固定，列车采用自走行或牵引方式通过洗车设备完成清洗；移动式是指列车固定，设备采用移动方式对列车进行清洗。

（一）固定式洗车机

列车外皮清洗机主要用于各型市域列车的车体侧面、端面、侧顶弧面及底裙面等部位的清洗。整个洗车机由洗刷系统、水循环处理系统、供气系统、电控系统、监控系统、吹扫干燥系统等几大部分组成，如图 4.1.1 所示。

图 4.1.1　列车外皮清洗机

列车外皮清洗机主要用于清洗各型列车外表面的灰尘、油污及其他污渍。通过水、刷组的物理作用和清洗剂化学作用相结合的清洗方法自动清洗列车的两侧面、侧顶弧面、前后端面和底裙面，同时可对排障器部位进行高压冲洗。所有清洗可以全自动控制。

北方高寒地区冬季列车清洗完毕后车体表面存有大量水，列车出库会造成车体、轨道两侧结冰，严重影响列车安全运营。为此洗车机设有冬季清洗后的干燥设备，由强风吹扫和甩干刷组成，列车清洗后先进行强风吹扫，再用甩干刷擦水，可实现冬季洗车后去除列车表面残余水分。

如图 4.1.2 所示，控制系统作为人机交流的平台，对控制系统的选择决定了操作人员是否能够快捷、准确地掌握这个设备的运行状况，该系统采用 SCADA 控制技术，该系统能够帮助操作人员快捷、准确地掌握整个设备的运行状况。

该控制系统具有如下特点：

（1）人机界面友好，采用组态软件编制的流程显示，形象逼真，操作简便。

（2）在界面上直接形象、实时的显示设备故障。

（3）系统具备较强的设备管理功能，能够将有关洗车的管理数据自动存储和打印功能。

（4）采用汉化的 SCADA 系统，方便操作人员操作。

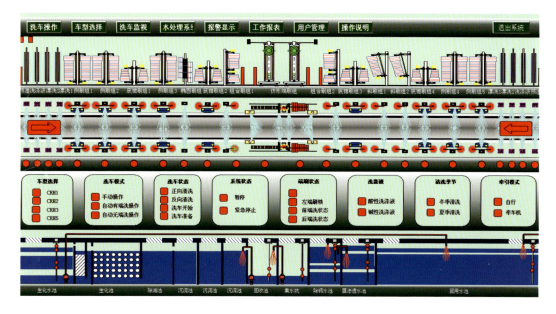

图 4.1.2　列车外皮清洗机控制系统

洗车机自带水处理设施，洗车污水全部回收，经处理后循环使用，以减少洗车的用水量，回用水利用率最高可达 80%。水的循环与处理的工艺流程简单、可靠、水质符合 TB/T 3007—2000 铁路回用水水质标准。如图 4.1.3 所示。洗车废水首先经过收集进入集水调节池沉砂池沉淀较大砂粒和杂质，均匀水质水量，然后由提升泵将污水泵入 pH 调节池，根据对污水的 pH 值的检测，向污水中加入酸或碱，调节污水的 pH 到 6.5 ~ 9，自流到快混凝反应池，通过投加混凝剂 PAC 进行絮凝反应，自流到慢混反应池，进一步絮凝反应，通过备用反应池进入斜管沉淀池，絮凝的污物在重力和斜管的作用下沉入沉淀池底，从水中得以分离，处理后的水进入光催化氧化缓冲水池，然后通过水泵泵入保安过滤器过滤后到一体化光催化氧化设备，进行光催化氧化有效去除表面活性剂及油污等有机物杂质，同时有效杀灭各种病菌，达到铁路回用水的使用标准。这样处理后的洗车水完全可以达到国内城市生产废水排放标准。

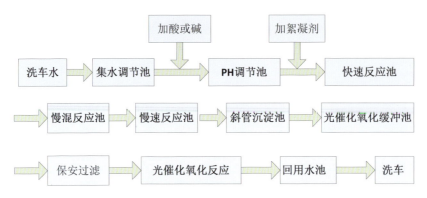

图 4.1.3 动车组列车外皮清洗工艺流程

（二）移动式洗车机

移动式洗车机能在站台或者地面硬化的轨道两侧实现动车组外皮在线清洗作业。清洗机的移动、清洗刷的作业、助力转向采用液压装置，具有清洗剂喷洒、清水洗刷喷射系统。清洗时，动车组定置，驾驶清洗机沿着动车组表面清洗作业。单刷（或者双刷）结构，可对两侧外表面（侧顶弧面）进行刷洗，如图 4.1.4 所示。

图 4.1.4 移动式洗车机

移动式洗车机可根据清洁面的位置调整清洗刷的高度，具有水回收系统，可减少地面遗撒。

移动式洗车机由运载走行车、液体储存箱、清洗操作室、柴油发动机、清洗刷工作机构、清洗剂喷射系统、清水冲洗系统、液压传动系统及控制系统等部分组成。洗车机前走行驾驶室和清洗操作室为一体。各个系统的动力共用一台柴油发动机，它通过皮带传动装置使手动变量柱塞液压泵和三联齿轮液压泵同时工作。一方面手动变量柱塞液压泵驱动走行和转向，实现行走功能；另一方面，三联齿轮液压泵分别驱动清洗刷回转油缸、清洗刷臂伸缩油缸、收放油缸、清洗刷旋转液压马达、清洗剂泵液压马达、清水泵液压马达等，实现清洗工作时的各项功能，是一种快速、高效、经济的清洗设备。

二、轮对踏面受电弓检测

（一）轮对故障动态检测系统

轮对故障动态检测系统安装在市域铁路车辆段入段线或者正线上（（正线版本无接触式擦伤检测）），如图4.1.5所示，采用"光截图像测量技术""高精度位移传感器测量技术"和"图像模式识别技术"，实现对车轮外形尺寸、车轮踏面缺陷的在线自动检测。系统无须停车，无人值守，动态自动检测，广泛适用于国内各型市域铁路车辆。

图 4.1.5 轮对故障动态检测系统

系统可实现如下主要功能：

（1）轮对外形尺寸自动检测：踏面磨耗、轮缘厚度、QR值/垂直磨耗、车轮直径、轮对内距。

（2）车轮擦伤自动检测：擦伤深度。

（3）踏面图像自动监测：车轮踏面擦伤、剥离、硌伤等踏面表面缺陷。

（4）擦伤检测单元自动升降保护装置。

（5）车号及端位自动识别，车号图像展示。

（6）绘制轮对外形检测曲线并与踏面标准外形进行比较显示。

（7）图像化检测视图分析、缺陷定位、直观判别缺陷。

（8）检测结果可存储、查询、统计、对比、打印，具备超限报警显示功能。

（9）具备数据联网管理功能，对检测出的数据进行分析、判断、汇总和统计。

（10）通过数据的综合分析比较（按时间段、走行公里数对同一列车、同一辆车、同一转向架、同轴车轮各检测数据进行综合分析比较）对轮对的技术状态做出综合评价，给出优化的综合维护保养方案，以指导轮对的检修。

（11）提供丰富的数据接口：向轮对维修设备提供传输数据接口（如不落轮镟轮车床，数控车轮车床）、车辆基本信息输入接口、走行公里数输入接口、人工反馈信息输入接口、各个信息管理部门的网络访问接口等，能够与管理信息系统进行连接。

（二）受电弓及车顶状态动态检测系统

受电弓及车顶状态动态检测系统安装在市域铁路车辆入段线或者正线上（正线版本无接触网工作压力检测），如图 4.1.6 所示，采用高速、高分辨率、非接触式图像分析测量技术，实现了对受电弓滑板磨耗、中心线偏移、工作压力等关键特性参数的动态自动检测和车顶异物及关键部件状态的室内可视化观测。系统无须停车，无人值守，动态自动检测，广泛适用于国内各型市域铁路车辆。

图 4.1.6 受电弓及车顶状态动态检测系统

系统可实现如下主要功能：

（1）采用动态非接触式图像测量技术，自动分析处理并记录受电弓在升弓状态下的滑板磨耗值。

（2）采用动态非接触式图像测量技术，自动分析处理并记录受电弓中心线偏差值。

（3）用杠杆原理，自动动态检测并记录受电弓工作位接触压力值。

（4）车顶监控视频大屏幕实时显示、存储及不同速度回放。

（5）车顶异物及车顶关键部件状态室内可视化观测及判断。

（6）车号和端位自动识别。

（7）提供检测项目的图像及数据报表输出。

（8）提供检测结果的查询、统计、综合分析、打印、故障预警及网络共享管理。

（9）具有对检测出的数据进行分析、判断、整理的能力。

（10）通过对历史数据的综合分析，总结受电弓的磨耗规律，绘制磨耗趋势图，预测受电弓滑板运用到限时间。

（11）通过数据的综合分析比较（按时间段、运行公里数对同类型受电弓检测数据进行综合分析比较）对受电弓的技术状态做出综合评价，给出优化的综合维护保养方案，以指导受电弓的检修。

（12）提供丰富的数据接口：基本信息输入接口、走行公里数输入接口、人工反馈信息输入接口、相关部门的网络访问接口等。

（三）全车 360° 动态图像智能检测系统

全车 360° 动态图像智能检测系统安装在市域车辆段入库线路上，如图 4.1.7 所示，采用

"图像分析技术""模式识别技术""深度学习技术"，自动采集运行车辆车顶、车侧车体、车底（立体环绕 360° 车体）的高品质高清图像，通过图像特征匹配、模式识别技术自动识别车顶、车侧车体、车底关键部件缺失、变形等异常情况。在系统报表终端，通过人机交互，自动实现可视部件二维图像显示。系统适用于各型市域车辆关键走行部日常动态检测。

图 4.1.7　全车 360° 动态图像智能检测系统

可实现如下主要功能：

1. 检测功能

① 车底走行部及车侧转向架可视部件高清图像自动监视。

自动采集车底走行部及车侧转向架可视部件的二维高清图像，通过图像分析识别，对牵引装置、电机端盖、制动器、撒砂器、齿轮箱、抱轴箱等关键部位缺失、变形等异常情况进行报警提示。

② 车侧走行部及车体车窗可视部件高清图像自动监视。

自动采集车侧走行部及车体车窗可视部件的高清图像，通过图像分析识别，对车侧走行部螺栓、连接部件、制动部件等关键部位的缺失、变形异常情况进行报警提示，对车体划痕、撞击变形等异常情况进行报警提示。

③ 车顶可视部件高清图像自动监视。

自动采集车顶可视部件的高清图像，通过图像分析识别，对车顶天线、受电弓、瓷瓶、线路等关键部位的缺失、变形异常情况进行报警提示。

④ 车号及端位自动识别。

⑤ 来车方向及通过速度检测。

2. 数据综合分析及信息化管理功能

① 具备检测结果存储、查询、统计、打印及数据联网管理功能。

② 提供检测棚测试数据专家诊断服务：通过对各类检测数据的综合诊断分析，对市域车辆技术状态做出综合评价，给出优化的综合检修维护方案。

③ 提供丰富数据接口：具备维修设备数据传输接口，基本信息输入接口，人工反馈信息输入接口，段及铁路局信息化系统网络传输接口。

3．设备自保护功能

① 设备具备灰尘、水雾自清洁功能。
② 设备具备自诊断及远程故障诊断功能。
③ 设备具备安防监控系统，提供声光报警和监控录像功能。
④ 设备具备防雷、防大电流冲击、抗电磁干扰等能力。

三、智能分散式工具物料系统

智能分散式工具物料系统（见图4.1.8），主要由工具物料管理系统、分散工具柜、分散物料柜、段内管理网络及数据终端等组成。它能满足市域车辆现场检修作业对工具、物料管理的要求，能够对柜内的工具、物料进行智能盘点，对工具的借用和归还进行自动记录，防止工具漏还。通过网络对工具柜数据进行集中管理，满足工具管理系统集中管理工具的要求，工具柜分散式分布能实现工具灵活领用，增加工具领用、归还效率。

图 4.1.8　智慧工具管理系统规划及信息架构

系统从物联网设备、信息网络、分析平台等层面对智慧工具管理系统进行规划。在物联网设备层面，通过条形码、RFID 电子标签对工具进行标识，以及通过系统的、简洁的 5 级 12 位编码规则对工具进行编码，从而实现快速的工具识别以及基础的数据交换；通过库存柜、配送车、分布工具柜或工位级工具柜实现工具的智能存放、监视、配送、分散领用及管理；通过校验台等校验、测量设备对需要量测的工具进行使用前测量，保障作业质量；通过智能工具箱，智能工具柜对工具的一线使用进行实时清点和完工盘点，保障作业安全。

在信息网络技术层面，通过各执行设备的软件及工具管理综合分析平台，实现工具的全寿命管理、库存管理、借还管理、送检送修、配送维护、数据分析等。

在分析平台方面，系统提供单据审核可视化，同时实现工具库存分析、寿命分析、品牌质量分析、日常使用状态监视的不同维度的数据分析。针对不同管理层级对工具的借还情况、损坏情况、采购情况、库存情况的数据统计，考核各人员、单位的工具管理情况。

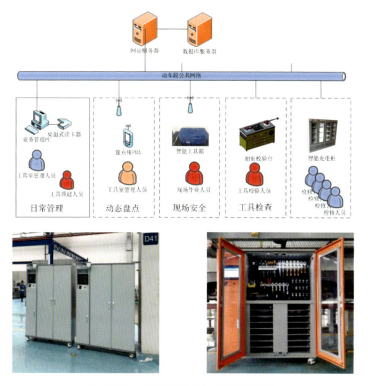

图 4.1.9　智能分散式工具物料系统

系统可实现如下主要功能：

（1）可对工具物料的借用和归还进行自动记录，防止工具物料漏还。工具物料配置 RFID 标签，能够进行智能盘点，错入、逾期、漏还报警，产生记录实时提醒，借用、归还记录自动生成。

（2）通过网络对工具物料柜数据进行集中管理，满足工具物料管理系统集中管理工具物料的要求。分散式工具物料管理，可实现数据集中管理，工具物料柜能够上传借用记录和被动接受借用信息查询。

（3）工具物料柜分散式分布便于作业者就近取用、即用即还，能实现工具物料灵活领用，增加工具物料领用、归还效率。

（4）解决工具物料的采购、库存混乱、借领还效率低下、送修送检追溯困难、日常工具盘点烦琐等问题，并且可以向市域车辆检修执行和管理部门提供数据分析，指导工具物料采购计划编制，提升工具物料库存合理化水平，加强管理能力。

第二节　车辆检修相关技术及装备

一、临修镟轮设备

（一）临修作业内容、工艺流程

我国市域车辆基地的均考虑设置临修库，如图 4.2.1 所示。市域临修库主要功能是对市域车辆临时性故障和破损，进行快速地诊断、互换修理，市域车辆不扣修仍然担当运输任务，属于市域车辆计划性检修外的作业内容。

图 4.2.1 市域车辆基地临修库

临修库作业内容主要包括：发生影响运行舒适度、平稳度以及运营安全等方面的临时、突发性故障检修，主要是市域车辆转向架及走行部、受电弓、空调、制动等大部件检查或更换检修，车内设备检修，车外其他机械或电气部分故障检查或更换检修。其中，转向架及走行部、受电弓、空调、制动等大部件检查或更换检修是对运营安全影响最为关键的作业内容。

市域车辆临修设施主要包括：临修库内更换转向架设备（见图 4.2.2）、车上车下部件、受电弓以及空调设施等工装设备。针对受电弓等车顶部件的检修需要，临修库内可设置车顶检修作业平台，并在相应位置设置可侧移式刚性接触网由市域车辆自走行定位或采用牵车机进行市域车辆的牵引定位作业。

工艺流程框图如图 4.2.3 所示。

图 4.2.2 转向架更换设备

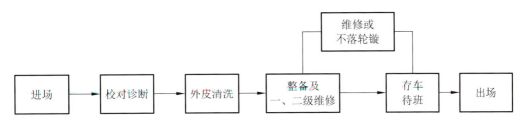

图 4.2.3　工艺流程框图

（二）镟轮作业内容、工艺流程

我国市域车辆检修基地均考虑设置不落轮镟库，如图 4.2.4 所示。用于对车轮踏面或制动盘进行在线切削。市域车辆不落轮镟库的设施主要包括：不落轮镟车床、列车牵引定位装置等工装设备。

图 4.2.4　单轴不落轮镟床

（1）根据市域车辆入不落轮镟库作业工艺流程，不落轮镟库的布置应考虑便于市域车辆在不落轮镟库与检查库、存车场间的来回走行。为了保证市域车辆任一轮对均能进入不落轮镟车床作业，库前后镟轮线的有效长应各保证停放一列市域车辆的长度，且要求该范围内股道为平坡。

（2）不落轮镟库长度宜按完成单节车作业考虑，可按 36 m 设计，库的宽度及高度应根据检修工艺、市域车辆限界、运输作业通道等因素计算确定。按接触网引入库内时，还应考虑架空接触网高度加绝缘安全距离。库宽度一般为 9 m。

（3）不落轮镟轮设备基础前后宜各设一节车长度的整体道床。

（4）库内宜设置牵车定位装置。

（5）不落轮镟床与轮对踏面诊断装置间应设数据传输通道。

二、转向架装配式智能移动拆装系统

市域车辆转向架是核心部件，由上百个零部件组成，结构复杂，其故障发生的概率相对其他零部件也较高，一旦故障则要及时进行检查和维修，为保证市域车辆能够快速处理临时故障，提高市域车辆的运用效率，一般在市域车辆基地的临修库内设置转向架更换装置。

转向架拆装移动设备是供市域车辆基地在检查库内进行更换转向架的专用设备。

（一）技术参数

架车机带载行程	≤60 mm
架车机额定载荷	34 t
升降速度	150 mm/min
电源	AC380 V 50 Hz 25 kW
海拔	≤1 000 m
工作环境温度	−20～40 ℃
托运最大转向架重量	12 t
架车机最大举升速度	150 mm/min
架车机最大平移速度	4.5 m/min
液压系统最大载荷	12 t
多级缸同步举升误差	≤3 mm

（二）设备组成

转向架拆装移动设备由机械系统和电气控制系统两大部分组成。

1．机械系统

机械系统由龙门移动架车机、移动架车机、电动平车和轨道组成，如图 4.2.5 所示。

图 4.2.5　机械系统

（1）龙门移动架车机。

龙门移动架车机由龙门架、走行系统、举升横梁托架、举升横梁、升降传动系统、托头托架、活动托头、电控箱、卷线装置等组成，如图 4.2.6 所示。

图 4.2.6　龙门移动架车机

龙门架由优质结构钢焊接而成，是设备的承载主体，各部件的安装基础，具有足够的强度、刚度、稳定性，能承受架落车过程中的动态和静态载荷。龙门架由走行梁、龙门立柱、上连接横梁、减速器安装横梁组成。

走行系统由 2 个从动走行轮、2 个主动走行轮组成，主动轮上安装有电机减速器，电机驱动走行轮带动设备在轨道上移动。电机减速器电机带有制动装置，可使设备精确定位并锁定。

举升横梁托架左右侧板、横梁托板、承载横梁、承载滚轮、辅助滚轮组成。托架托举升横梁上升、下降时，承载滚轮在龙门立柱导轨面上滚动。滚轮与轴采用无油轴承，可靠性高、免维护。

举升横梁为承载横梁，为拼焊箱形梁结构，有足够的强度、刚度、稳定性。在举升横梁上加工有托头托架左右移动的导轨。

升降传动系统是托头、托头托架、举升横梁及举升横梁托架的动力驱动装置。系统由电机减速器、传动轴承座、万向轴、万向轴护罩、丝杆升降机、工作螺母、安全螺母、高度检测装置、障碍物报警保护装置、工作螺母磨耗报警装置、上下限位保护开关等组成。

托头托架由托架框架、电机减速器、齿轮齿条驱动部件、无油轴承板、左、右限位开关等组成。可电动驱动托架托头在举升横梁导轨面滑动，满足架车点纵向位置不同托头对位的要求。当托架到达左、右限位时自动停机。

活动托头由托头体、电机减速器、齿轮箱、齿轮齿条组件、前限位、后限位、整位装置、托头防撞保护装置及机械止挡组成。可电动控制托头伸缩运动，满足架车点横向位置不同的托头对位要求。

设备设置动力线卷线器方便设备动力线线接入设备。卷线装置通过下部滑轮组，实现架车机移动过程中的收、放线功能。地面电缆放置在线缆槽内防护，防止检修设备通过时碾压电缆，造成电缆损坏。

（2）移动架车机。

移动架车机由机体、托头系统、传动系统和行走机构组成，如图 4.2.7 所示。

机体由立柱、上横梁、前后脚和底板组成，各部分均由钢板和槽钢焊成。上横梁用螺栓和定位销与立柱进行连接传动丝杆的上端固定在上横梁中间。两根立柱和底板及减速箱底座组焊在一起形成一个整体。

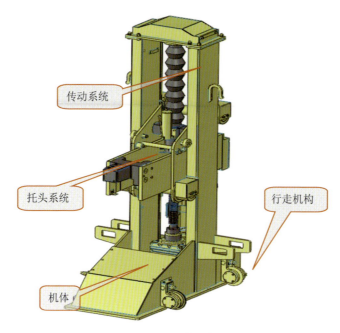

图 4.2.7　移动架车机

托头系统由臂板、托板、托头和滚轮组成。连接两块臂板的横梁浮动安装在工作螺母上，托头承受的负荷就通过臂板传递到工作螺母。

传动装置由减速机、丝杆和螺母组成。

行走机构采用轨道式走行方式调整位置，加装 1 台走行电机。

（3）电动平车。

电动平车由液压系统、平车、转向架支撑工装、平车横梁支撑架组成。其中液压系统由液压电机、同步缸、液压缸、油箱等组成。

（4）轨道。

轨道由轨道横梁、底座、滑移架组装、导向横梁组成。导向横梁由横梁支架、导轮组件、电动葫芦组成，如图 4.2.8 所示。

图 4.2.8　可升降轨道

2. 电气控制系统

电气控制系统组成如表 4.2.1 所示。

表 4.2.1　电气控制系统组成表

序号	名　称	数量	布置位置（装入的设备）	备　注
1	主控制柜	1 台	安装于龙门架车机上	龙门架侧面
2	分控柜	1 台	安装于柱体架车机上	布置于柱体侧面
3	通信和动力电缆（含连接器）	1 套	主控柜和分控柜之间	
4	检测和声光报警系统	2 套	每个架车机上安装 1 套	
5	手持控制器	3 套	现场控制器 2 套，走行控制器 1 套	

（1）主控制柜。

主控制柜是电气控制系统的核心部件，主要由可编程控制器、触摸屏、电变频器、断路器、接触器、紧急停机按钮等部分组成。主要完成系统的驱动控制、数据采集、安全保护和报警控制功能。

（2）分控柜。

分控柜安装于柱体架车机立柱侧面，当触摸屏置于本地控制界面且工作模式为本地模式时，可在本地采用现场控制器实现架车机纵向、托头、车体的点动升、降控制；当遇到紧急情况时，可按下现场控制器上或分控柜上的"急停"按钮，实现停机，控制柜动力断路器掉闸保护。

（3）通信和动力电缆（含连接器）。

通信和动力电缆用于实现主控制柜和分控柜之间的动力和通信连接。

（4）检测及声光报警系统。

该系统可对架车机的工作状态进行实时收集并通过通信电缆传输给主控制柜，在触摸屏上进行实时显示，当出现异常报警情况时，主控制柜面板上的故障指示灯闪光鸣叫发出警示。

（5）手持控制器。

设备配置 3 套手持控制器，现场控制器 2 套，分别安装于主控制柜和分控制柜侧，用于进行架车机本地功能操作，走行控制器安装于主控柜侧，用于龙门架在初始位和工作位之间移动。只有当控制器上的授权指示灯亮时，控制器上的按钮操作才有效。

（三）装配式智能移动拆装系统在余姚城际动车所的应用

余姚城际动车所检查库内采用新型转向架拆装移动设备，采用移动式龙门架车机、活动式作业平台、移动式轨道桥、可跨越检查地沟的平车、紧凑型空间液压升降系统等关键新型技术，解决了转向架更换作业不能长时间占用检查库作业空间、不影响作业平台正常使用、不破坏轨道桥基础等技术难题。其设备更换现场如图 4.2.9 所示。

使用新型转向架拆装移动设备，由于不需要反复转线，且能够与检查库内检修作业同步进行，完成整个转向架更换过程耗时由传统的 120 min 降低至 44 min。与常规方式相比，由于不需要建设临修库，工程成本减少约 2 100 万元。

余姚动车运用所在无法设置临修库的条件下，于检查库内设置转向架拆装移动设施，满足更换转向架功能需要。工程占地少、投资省，所采用的新型转向架更换技术计划为我国市域铁路提供了新思路和新的技术支撑点。

图 4.2.9　余姚转向架更换设备现场

三、模块化智能集成检修平台

（一）设备的研究和应用背景

全国在建和规划有多个市域车辆检修基地，检修工艺的不断提高，检修要求也在不断提升，目前现有的检修方式，主要采取设备辅助人工作业，作业强度高，效率低下。开展市域车辆一体化综合检修平台的系统研究，通过对市域车辆检修作业工位和检修组装工位不同检修规程和工艺特征的研究，设计可自由组合的模块化装配平台，实现柔性作业，集成智能装配过程管理系统、工具管理系统、分散式智能物料管理系统。利用智能物流设备及空间定位技，提高作业效率，达到智能化检修成为重点。

目前国内在车辆检修方面采用的方式多为按照固定地点设置相应的检修条件，目前现有的检修方式，为人为控制设备进行检修，所用到的物料、工具等需要任务去往工具室和物料处支领，人为搬运，效率不高。现有的检修方式，无法满足日益提高的检修作业要求，因受到检修环境和内容的限制，故迫切地需要装配化、模块化的检修工位综合物料信息集成平台指导、辅助工人进行检修作业。通过被检修车辆在不同位置的调配，进行相应内容的检修工作。这种模式对于检修数量大、流转时间短、作业节拍连续性强的零部件来讲能够体现出较大的效率优势，例如对于转向架部件检修，采用类似流水线的方式，按照检修作业内容规划并布置零部件流，沿线每个工位集成相应的作业条件，这样能够很大程度上提高整体的检修效率。

但是，对于类似车体检修这样作业面较大，流转时间较长、作业节拍连续性不强的检修内容来讲，采用检修地点固定、检修部件流转的方式则无法体现出相应的效率。因此，为提高整体的检修效率，必须区别对待，按照检修作业基本情况合理规划检修条件的设置方式。

在车辆检修中，作业部位几乎涵盖了包括车底、车顶、侧面、前后端等整个车体的各个部分，为适应市域车辆不同作业点的检修任务，使检修维护人员能够方便、快速、安全地进行检修作业，需要针对各个作业面配置相应的作业条件，如头车部位作业面、侧窗部位作业面、车顶部位作业面、登车需要、跨轨道桥及跨地沟作业面、车底部作业面等等。

总体来讲，目前市域车辆的各类检修作业现场，一般配置固定式三层直通作业平台，如图 4.2.10 所示，此类平台设置于轨道的单侧，无法兼顾无平台一侧或车辆前后等部位的检修。例如在进行头车部位的作业时，由于没有对应的作业条件，操作者的工作受到很大的限制，无法快速展开检修工作且存在一定的安全隐患，这些问题都导致工作效率受限。

图 4.2.10 市域车辆库内三层作业

现有作业平台的作用还仅仅处在"脚手架"的范畴之内，各地多把平台作为厂房中固定附属设施来看待，正是这种定位方式，在某种程度造成了检修效率提高不可逾越的"客观限制"。由于检修作业空间相对有限，现场根据检修内容的不同设置相应的作业平台，如果平台设置的范围过大，则导致空间大量被占用，检修中所需的物料、零部件、辅助车辆流转必然会受到制约，甚至导致一些检修工作无法开展，如果平台设置范围相对较小，有一部分特定部位的检修工作就会受到条件制约，只能依托该处平台进行检修，成为效率瓶颈工序。这种条件下要求被检修车辆频繁调度，不利于相关的检修作业连贯进行，从而影响整个检修作业流程的合理编排。

再次，车辆检修需要的条件相互关联，目前采用的固定式作业平台功能相对单一，无法实现相应的条件集成，从而造成了同类检修作业内容不能在一个作业位置紧凑实施，受此类条件限制而不得不采用的分散式检修流程会造成返工等影响效率的问题。例如在市域车辆三级修作业中，需要对雨刷器系统进行功能测试，保证系统的正常工作。但目前在三级修的检修库中，虽然有设置作业平台的条件，但是由于在此处进行的其他检修项目使被检修车辆不具备带电和通风的条件，故雨刷器系统功能测试就不能在此地开展，只能到调试库来进行。这种方式无疑增加了调试库被占用的时间，本来应该进行整车的调试，却需要先进行单节车厢作业内容，进而使整个检修时间无谓增加。

（二）设备组成与技术原理及技术创新

通过对市域车辆检修作业工位和检修组装工位不同检修规程和工艺特征的研究，设计可自由组合的模块化装配平台，实现柔性作业，集成智能装配过程管理系统、工具管理系统、物料管理系统，实现对安装全过程监控和数据记录，并将各类数据相关联并形成电子存档，实现市域车辆综合检修大数据管理。现行的检修过程进行分析，结合对作业平台相关技术和实现方式的了解，针对车辆侧门侧窗等双侧边、库内轨道桥双侧边、车辆双侧顶端、车辆前后端头车等部位实施 360° 全方位立体高效的智能检修作业平台，将作业平台从当前的脚手架形式演绎为集检修工作面设置、检修要素承载、检修关键条件集成、检修过程管控的多功能于一体的智能化系统，成为检修作业流中可实现柔性配置的环节，进而摆脱单纯的位置依赖，实现检修资源整体配置的工作模式。

（1）借助物联网技术，通过整体控制系统，统一信息结构，便于数据的交互和对所有设备的控制，进行合理有序的调度、任务的安排及路径的规划，做到检修智能化、高效化。网络结构如图 4.2.11 所示。

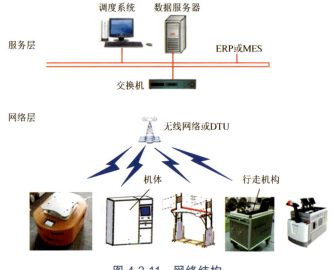

图 4.2.11 网络结构

（2）通过设计通用的接口，便于产品的快速拼装和柔性化配置。通用接口设计如图 4.2.12 所示。

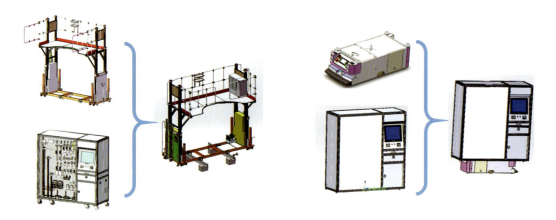

图 4.2.12 通用接口设计

（3）辅助工具、物料、附件的有效集成，实现了检修作业过程的精益化。

如图 4.2.13 所示，在物理平台、辅助工具、专用附件等条件的快速配置支持下，检修作业中需要对不同内容进行转换时，由于平台系统可以实现快速更换，相应的过程管理系统可以提前按照要求备好所需的物料及工具，准备好对应的作业指导书，则检修现场条件可以按计划进行变换，保证了检修作业的连续性，不会因调车、换位等造成切换时间的损失。在这种作业模式下，系统可以根据总体的检修计划、对物料、工具、人员、工位等准备工作等进行需求的提前策划。各个作业要素据此协同推进，从而实现自动化的生产方式。

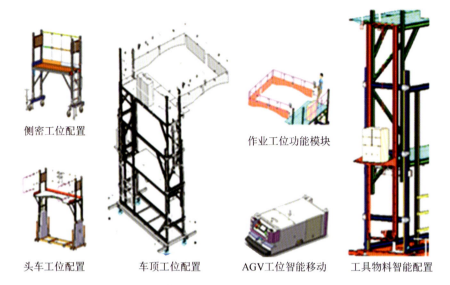

侧密工位配置

作业工位功能模块

头车工位配置　　　车顶工位配置　　　AGV工位智能移动　　工具物料智能配置

图 4.2.13　辅助工具、物料、附件的有效集成

（4）不同作业项点需根据实际需要配置不同工艺设备和配套检修作业平台，改善作业空间，提高检修效率。其中工艺设备与自动导航转运系统结合，可快速实现平台系统的搭建以及功能的实现，配备多种转运设备及导航解决方案，通过设备选型，给出最佳综合检修平台设计方案。

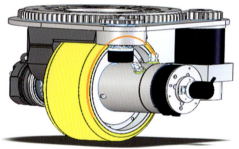

（a）激光导航及定位技术　　　　　　（b）具有行走及转向功能的舵轮

图 4.2.14　不同转运设备及导航解决方案

在设备的设计与应用方面，根据车辆检修作业的内容和实施的步骤，分析作业面的分布状况需求，确定满足全部检修作业要求的作业平台硬件形式。按照柔性机动配置的原则，将平台所需要具备的各项功能进行模块化拆分，并制定各个模块间的关联标准，进而实现不同要素和相应功能的柔性配置，满足检修作业不同阶段的工作要求。

由基本功能模块组合构成的柔性智能作业平台，其应用可以实现针对车辆检修作业点的全范围覆盖。

以市域 D 车四级修为例，需要进行的检修项目共 240 多项，检修部位包括了整车的全部位置，如表 4.2.2 所示。

表 4.2.2　检修作业内容与作业平台设置位置统计表

分　类	典型检修内容	作业平台的需求条件
转向架	构架、制动夹钳、油压减震器、轮对组成、牵引拉杆、齿轮箱等 29 项	转向架辅助作业平台
车顶设备	高压隔离开关、特高连接器、受电弓、接地保护开关装置、无线电信号天线等 9 项	车顶作业平台
车下设施	空调装置、电动空压机、牵引变流器、蓄电池箱、辅助电源、牵引变压器、污物箱等 36 项	车底拆装平台
车体车端连接装置	密接式车钩、缓冲器、排障器、侧裙板、密接式电气连接器、外风挡等 13 项	头车作业平台 渡板作业平台
车内设施	座椅、客室门、车窗、配电盘、监控器、灯具等 86 项	登车平台 二层作业平台
司机室设施	连挂电磁阀、缓解电磁阀、机器室气密门、主司机台、开闭罩等 31 项	登车平台 二层作业平台
落车及编组	车辆落成及编组	
试验	绝缘耐压、特高压耐压、控制、自动过分相、启动、制动准备、刮雨器试验、司机室动作等 41 项	车顶作业平台 二层作业平台 车底拆装平台

（三）设备的工程应用

整车作业各平台布局图如图 4.2.15 所示。按照柔性化、智能化的设计理念，模块化智能集成检修平台硬件的使用状态主要包括以下几种形式：

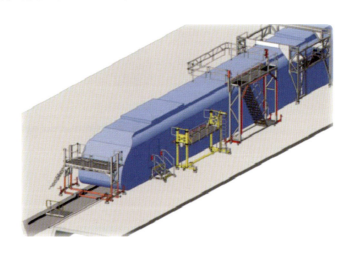

图 4.2.15　整车作业各平台布局图

（1）移动式头车升降组合作业平台。

本设备主要用于零修库、高级修库内的头车部位的检修作业，设备主要由牵引及整体移动模块、电动升降机控制模块、仿形作业台面、登台拉伸梯模块、安全防护模块、工具存放托盘等部分组合而成，该设备移动灵活、使用操作方便，可以满足全部车型的头车检修作业的需要，如图 4.2.16 和图 4.2.17 所示。

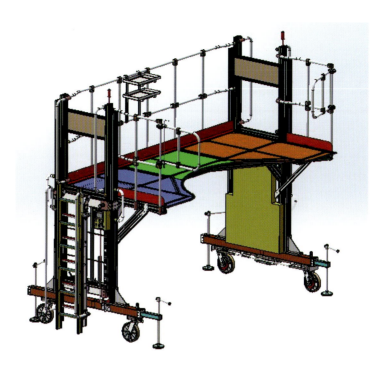

图 4.2.16　移动式头车升降作业平台配置方案

图 4.2.17　移动式头车升降组合作业平台

（2）移动式侧窗车顶组合式作业平台。

本设备主要用于零修库、高级修库等场所的车辆侧窗及车顶作业，如图 4.2.18 所示，设备主要由整体移动模块、顶层边侧防护台面、登台拉伸梯模块、安全防护模块、工具存放托盘等部分组合而成，满足侧窗部位及对应的车顶部位同时作业的要求。设备移动灵活，配置方便，能够实现多台设备的沿轨道方向集成使用。

图 4.2.18　移动式侧窗车顶组合式平台

（3）车钩钩缓辅助拆装平台。

本设备主要用于零修库、高级修库等场所的车钩钩缓拆装作业，设备主要由电动牵引及移动模块、电动升降与控制模块、被拆装部件装夹专用适配器附件、工具存放托盘等部分组合而成（见图 4.2.19），满足车钩钩缓的整体拆装作业的要求。设备移动灵活，配置方便，可以通过快速更换适配器附件来适应不同部件的拆装要求。

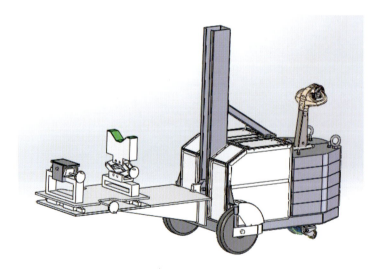

图 4.2.19　车钩钩缓拆装辅助平台方案

（4）蓄电池拆装辅助平台。

本设备主要用于零修库、高级修库、检查库等场所的蓄电池（箱）拆装作业，设备主要由电动牵引及移动模块、电动升降与控制模块、蓄电池拆装专用适配器附件等组成（见图 4.2.20），满足蓄电池（箱）拆装检修作业的要求。设备移动灵活，配置方便，设备还可以作为蓄电池箱整体运送、转场等使用。

（5）移动跨轨式头车作业平台。

本设备主要用于检查库等场所的头车部位检修作业，也可在高级修库内使用，设备主要由电动牵引及移动模块、电动升降与控制模块、仿形工作平台、安全防护模块、工具存放托盘等组成（见图 4.2.21），满足全部车型的头车部位检修作业的要求。设备移动灵活，对作业环境适应性较强，可与目前库内的固定式作业平台兼顾使用。

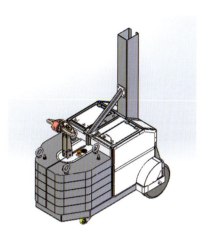

图 4.2.20　蓄电池拆装辅助组合平台方案

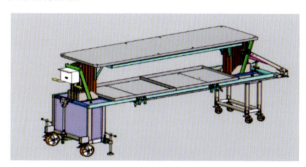

（a）头车作业平台未展开时状态

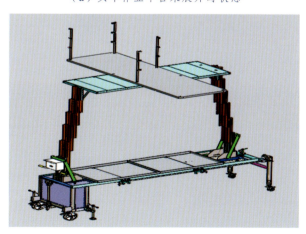

（b）头车作业平台展开时状态

图 4.2.21　移动跨轨式头车作业平台实现方案

（6）移动式侧窗单层与登车组合平台。

本设备主要用于检查库、高级修库等场所的侧窗及登车检修作业，如图 4.2.22 所示。设备主要由整体移动模块、安全防护模块、工具存放托盘等组成，满足全部车型的侧窗部位检修作业和登车作业的要求。设备移动灵活，可以多个平台沿轨道进行拼装使用。

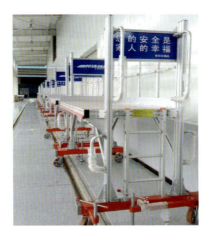

图 4.2.22　移动式侧窗单层与登车组合平台

　　模块化智能集成检修平台以硬件设备为基础，将传统意义上的作业辅助条件变成检修过程中可配置的要素之一，充分利用信息技术、传感器技术、网络互联技术、自动化技术等，变固定为柔性，围绕高质高效检修作业的核心目标，参与到全过程生产要素配置之中，扩充了作业平台的外延，进而实现了机械台体、管理流程、工具附件、作业卡控、智能物流等要素的有效融合（见图 4.2.23），为检修作业流程的优化改进创造了条件。

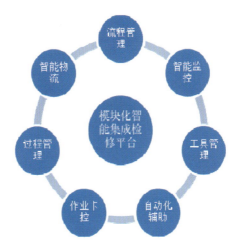

图 4.2.23　检修平台集成的多种作业要素

　　各个功能模块的合理应用丰富了作业平台的使用形式。

　　为满足不同车型、不同作业位置、不同检修内容的要求，根据设备相应的子功能使用情况，将平台硬件部分细分为若干个标准功能模块，对应的模块之间定义标准的组合接口，按照物理组合的方式搭建不同功能的作业平台，实现了功能上的柔性。在检修作业中，可以根据作业内容的用时长短配置不同数量的子功能模块（见图 4.2.24～图 4.2.29），按照检修作业内容节拍对所属模块进行相应的组合、拆分、再组合，这样可以最大限度地提高设备总体的利用率、减少空置率，削弱瓶颈环节。

图 4.2.24　平台移动牵引模块

智能操作终端

工具箱

平台控制面板

材料箱

导向板

图 4.2.25　可举升检修模块

图 4.2.26　头车检修模块

图 4.2.27　活动下车梯模块

图 4.2.28　车顶可折叠护栏

图 4.2.29　双侧作业折叠护栏

　　柔性配置的方式集中了多项要素，构成覆盖检修过程的有机系统。

　　模块化智能集成检修平台的应用模式（见图 4.2.30～图 4.2.35），集自动化技术、信息技术和制作加工技术于一体，在计算机及其软件和数据库的支持下，把以往孤立的检修作业、过程管理、物料管理、数据管控等环节构成一个覆盖整个检修过程的有机系统。这种模式能够根据检修作业的任务进行对应的快速配置，设备整体使用率高，而且能够达到多种要素协同呼应的效果，依托这样的智能化作用，有力促进检修作业效率的提升。

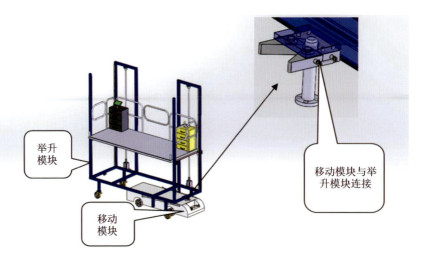

图 4.2.30　侧部作业组合平台

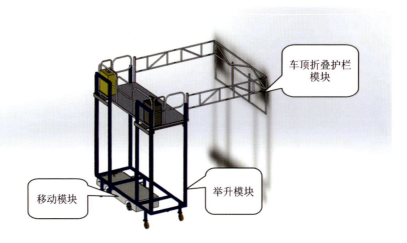

图 4.2.31　车顶作业组合平台

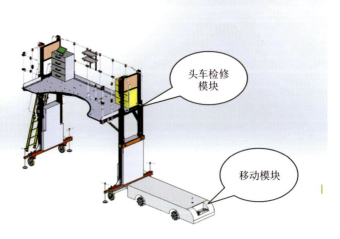

图 4.2.32　头车作业组合平台

图 4.2.33　双侧作业组合平台

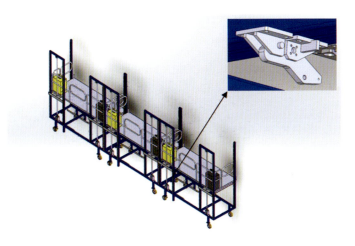

图 4.2.34　作业平台连挂

图 4.2.35　移动梯组合平台

四、安全联锁与作业监控

市域车辆每次检修有上百项检修项点，主要包括车体底部走行部的检修、车体裙板设备舱内设备的检测及检修、头车检修、车顶受电弓检修等（见图4.2.36和图4.2.37），每一处的检修都关乎市域车辆行车安全，同时检修作业过程中，对检修作业人员的检修质量和检修人员本身的人身安全都提出了较高要求。

图 4.2.36 车底走行部检修车体侧面检修

图 4.2.37 头车检修顶部受电弓检修

检修过程中出现作业任务遗漏或作业操作失误，会造成检修质量不达标，列车上线运营后存车一定安全隐患，严重时会造成安全事故；顶部受电弓作业过程中，必须严格遵守作业规程，否则极易造成高压触电事故和跌落事故。为了保证操作合规、安全作业，同时监督和追溯作业过程，需要一种市域车辆运行保障综合管理系统，以及安全监控及作业评价系统，实现市域车辆运行保障实时监控、分析评价、事件追溯及事前预警，大幅提高市域车辆部件管理的有效性与保障过程的智能化。

（一）市域车辆检修作业安全监控分析

市域车辆在正线运营结束后，必须入库整备作业，在整备作业过程中如何确保登车顶检修工作人员的人身安全和设备安全，是市域车辆基地必须考虑解决的主要问题。

市域车辆基地承担市域车辆的整备、一二级修、临修和存放作业。在检修作业过程中，作业区必须是被隔离的无电区（见图4.2.38），即在整备作业前通过隔离开关将额定电压为27.5 kV的接触网断开并另挂接地线，以保证作业安全。待整备作业完成后再撤销接地线和回复隔离开关通电状态。在整个作业过程中，还须进行全程安全监控，如隔离开关和接地线的操作、市域车辆顶部作业人员的动向、作业区之外市域车辆的移动（以防止在作业区接触网断开和接地的情况下受电弓短接分段绝缘器，造成接触网短路和作业人员触电事故）等。

图 4.2.38　登顶作业有电区和无电区

（二）市域车辆安全监控技术体系

安全监控系统通过高分辨率数字高清视频摄像机及在线式人员巡更定位装置对市域车辆底部及其两侧作业、车头作业、车顶作业实施全程跟踪、监控，可自动实现检修作业过程的各个作业者的录像剪切和拼接合成，自动统计作业时间和作业线路，使作业过程具有可追溯性，通过拼接作业录像回放和自动时间统计分析对其作业过程进行评价。通过规范检修生产作业，及时发现漏检、漏修及违章作业，避免因检修质量问题所造成的重大安全事故，从而达到生产作业规范、有序可控的目的。

视频采集传输及存储子系统工作流程示意图如图 4.2.39 所示。

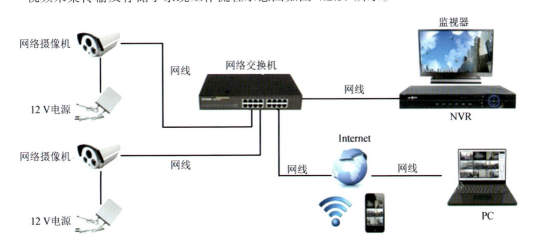

图 4.2.39　视频采集传输及存储子系统工作流程示意图

该系统采用计算机网络技术、数字视频智能处理技术、在线式宽带通信计无线通信技术、网络数据库技术，通过全天候、全过程监控，经过图像剪切、拼接、合成，自动生成市域车辆关键部位的全过程作业图像，并对作业人员进行线路和时间统计，实现对市域车辆检修作业的监管和评价。可实现多客户、多终端、多模式同步信息浏览，可进行海量查询、调用、回放。

该系统与市域车辆检修作业安全联锁监控系统互联互锁，是对现有"安全联锁监控系统"的进一步完善和补充，是提高检修质量、提高管理水平的重要设备。主要具有以下功能：

（1）市域车辆基地安全联锁监控系统中全部采用数字高清视频系统，同时配备数字高清摄像机、交换机、数字硬盘录像机、以太网线等数字高清设备，如图 4.2.40 所示。

（2）门禁系统网络控制器采用 UNC500，改变传统布线方式，极大地提高了门禁系统通信抗电磁干扰能力，进一步提高门禁系统的稳定可靠性，增强了系统的网络扩展能力。

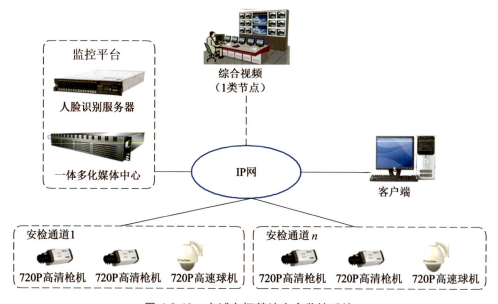

图 4.2.40　市域车辆基地安全监控系统

（3）隔离开关控制单元光电隔离。

采用光电隔离装置（见图 4.2.41），可有效防止隔离开关控制单元在实际运用中发生隔离开关故障误动作或市域车辆带电从有电区闯入无电区的情况，避免隔离开关"放炮"引起设备大面积损坏危及人身安全。

（4）接触网电动接地装置。

在接触网无电的情况下，通过电器联锁关系可靠保证远程电动接地，有效避免挂错股道造成接触网顶电的问题，同时也提高了人身作业安全和作业效率。

（5）供断电现场视频监控系统。

为强化隔离开关分合闸安全卡控，使隔离开关操作员可以更清晰直观的在分合闸操作前对市域车辆受电弓升降状态以及库外隔离开关状态进行确认，增加操作的可靠

图 4.2.41　光电隔离装置

性采用供断电现场视频监控系统。在检查库股道两端远程操作箱处加装监控视频，并在每个列位的隔离开关、车顶受电弓及库中接地处加装数字高清摄像机。

（6）地沟作业警示信号灯带。

在检修地沟及二层作业平台加装警示信号灯带，接入安全联锁监控系统，显示接触网有

电、无电和市域动车组准备移动时三种信息，保证作业人员安全。当接触网无电时，警示信号灯亮"绿灯"提示作业人员可以作业。

① 当接触网供电时，警示信号灯亮"红灯"提示作业人员注意安全。

② 当市域车辆准备移动时，警示信号灯显示"闪烁红灯"提示人员撤离作业现场。

（7）检修作业设备使用权限管理系统。

针对作业人员领发隔离开关操作钥匙、登顶门禁卡、市域车辆作业禁动牌不规范的情况，容易造成人身安全和设备安全事故，采用检修作业设备使用权限管理系统（见图4.2.42）。该系统具有作业人员身份识别（指纹或人脸识别）、联锁柜门控制、状态查询、状态反馈、后台管理等功能。

图 4.2.42　检修作业设备使用权限管理系统

（8）接触网自动验电装置。

为了提高系统的自动化程度，采用自动验电装置，该装置可以在隔离开关分合闸后自动对接触网有无电进行检测，并将检测信号传输至安全联锁监控系统纳入联锁关系，避免隔离开关故障时，误报信号造成事故。

（9）受电弓升降状态检测装置。

传统受电弓升降状态是通过人工视频确认。这样容易发生误判的情况，存在安全隐患，通过采用受电弓升降状态检测装置，可对受电弓的升降状态自动进行检测。并纳入了安全联锁监控系统联锁关系，当受电弓未落弓时，该装置可自动给出禁止隔离开关操作信号，防止隔离开关在受电弓未降下时进行分合闸操作。

（10）数字化广播系统。

数字化广播系统采用IP网络音箱数字化广播系统（见图4.2.43），有效解决传统模拟广播系统存在易受干扰、噪声较大、声音不清晰、分区管理复杂等问题。

图 4.2.43　数字化广播系统

（三）系统组成及工程应用

班组学习和作业评价管理是市域车辆基地管理工作的一项重要内容，可使市域车辆基地的检修作业标准化及检修质量得到很大提升，有效预防和处理事故隐患，为提高检修水平和检修质量，保障市域车辆运营安全起到了积极有效的作用。其主要作用如下：

（1）对市域车辆出入库及库内作业全过程进行了24小时实时监控。

通过视频监控，可发现市域车辆裙板、底板、转向架等异常状态，起到了积极的预防、发现、处理功能。及时自动检测车顶受电弓区域有无异物遗留，与安全联锁监控系统进行互联互锁，保障人身安全。确保标准化车间及标准化班组建设有效推进。

（2）监管人员对现场检修作业全过程进行监控。

发现未按工艺要求作业、作业不标准或未按要求作业的及时上报并立即采取纠正措施，保证了市域车辆检修作业标准的落实，推进了标准化检修班组建设。市域车辆基地技术人员每天对市域车辆出入库状态及检修作业过程的录像进行检查，并做好记录；对现场作业是否严格执行各项规定和工艺进行过程评估，在交班会上进行点评并纳入绩效考核，有利于标准化车间及标准化班组建设，也有利于市域车辆基地技术人员加强对现场检修作业情况进行掌握。

（3）录制标准的检修作业录像作为教学范本供检修人员学习。

定期组织检修人员进行现场实作考试，监控系统做好全过程记录，为评判成绩和标准执行情况提供了可靠依据。值班所长监控现场作业，抽查市域车辆出入库状态及检修作业录像，全面掌控市域车辆现场检修作业，为进行生产安排及强化现场管理提供了依据。

（4）对检修作业质量和作业过程进行分析评价。

对市域车辆空心轴探伤、牵引电机注油、齿轮箱注油等关键检修作业项目进行实时监控。确保市域车辆检修作业标准落实，保证了市域车辆修检修质量。

市域车辆检修作业监控评价管理系统以数字视频通信转发集群网络控制系统和在线式巡更定位系统、视频编辑合成软件系统为核心，该系统主要由以下4部分组成：视频采集传输及存储子系统、作业人员在线巡更子系统、检修作业管理评价子系统、集中显示子系统等，是对安全联锁监控系统功能的进一步扩充。

1. 视频采集传输及存储子系统

视频采集传输及存储子系统分以下4个单元：

（1）前端作业过程监控摄像单元：主要是在地沟及两侧安装的高清超低照度枪机对车底、转向架、等重点监控；三层平台安装高清高速球形摄像机对车顶作业情况进行监视。

① 市域车辆两侧工作面监控点。

监控目标：该监控点用于监视市域车辆两侧工作面转向架检修、砂箱检修、滤网更换等高度在1.9 m以内的一层作业面工作情况，重点在监视市域车辆转向架检修工作情况。

设置数量：一股道停放2列短编组市域车辆，一股道共计摄像机36台。摄像机以市域车辆正常停车位置为监视位置的起点，以接力方式安装，监视范围覆盖市域车辆侧面场景。每台摄像机具体监视市域车辆相邻车体下部2个转向架，兼顾监视其他一层工作面作业情况，监视长度范围约26 m。摄像机安装位置距地面50 cm安装，同一通道的对边互相照射，线缆布置在地沟侧壁上，如图4.2.44所示。安装方式如图4.2.45所示。

约26 m

图 4.2.44　摄像头安装方式

图 4.2.45　摄像头安装方式

② 检修地沟监控点。

该监控点摄像机主要监视检修地沟内有无人员情况和检修地沟内转向架检修、底板拆装等工作等情况，如图 4.2.46 所示。每条地沟内均布摄像机 18 台。

十三道二地沟6

八道二地沟9

图 4.2.46　带轨道车地沟地沟检测作业

③ 车顶受电弓作业监控点。

在每个受电弓检修区设置 2 台球机，球机云台可远程控制转动，这样就可以兼顾因车型不同而造成受电弓位置不同的情况，监视受电弓检修作业（见图 4.2.47），并进行录像。每列市域车辆有 2 台受电弓，一股道设 8 台球机。

图 4.2.47　车顶受电弓作业监控

所有前端摄像机最后通过多个 4 路、8 路光纤以太网交换机传输到所信息机房，机房设置作业评价综合机柜，机柜内布放数字视频编码器、光端机及机箱、交换机、存储服务器等，所有数据信息通过千兆网络交换机传输到所调度室监控工作站及服务器，工作站结合多块 46 寸液晶拼接屏在终端同步显示。

（2）前端重点部位拍照手持机单元：作业人员佩戴便携式手持机，对车底隐藏的重点部位进行拍照（LED 照明），照片存放在手持机，在经过无线网络区域时集中上传到后端机房服务器。

作业人员手持机：手持机具有拍照、录像、LED 照明、WIFI 无线传输、液晶屏幕显示、中文菜单、充电等功能，检修作业人员每人佩戴便携式手持机，对车底部关键及隐藏部位进行拍照存储，在地沟分区域新配置无线网络，作业人员按照作业线路走到有无线网络区域时拍照数据通过前端无线 AP 到设备箱交换机，并通过光纤传输到机房交换机，在通过软件自动处理存储到服务器。

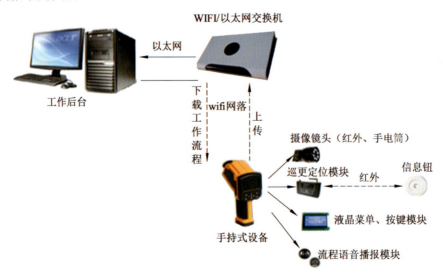

图 4.2.48　手持多功能检查工具原理示意图

（3）千兆以太网光纤传输单元：前端所有视频和巡更定位数据、手持机拍照数据首先进入前端设备箱的交换机，并通过光纤传输至后端机房中心交换机。

① 调度室。

调度室内需要新增监控工作站 2 台。工作站安装有管理和操作软件，可以对每个或每组摄像机进行实时浏览，并具有录像查找、回放、下载功能。同时根据自动上传的巡检信息自动编辑拼接检修作业录像，而且还具有任意时间段作业录像手动编辑合成完成的检修视频功能。如图 4.2.49 所示。

图 4.2.49　调度室画面

② 分析室。

为检查检修人员的作业过程是否标准合格，在分析室安装客户端电脑，连接作业评价服务器，实现浏览功能。

（4）后端数据存储单元：全天候常态视频存储在 NVR 中，经过软件系统自动拼接后的有效作业视频和手持机的拍照存储在网络存储服务器中，统计报表存储在数据库服务器中。

中心机房：该中心为前端设备采集视频信息后传输汇总的终端，主要设备为数字视频编码器、存储服务器、交换机、光端机终端箱、设备机柜、UPS 等。

视频采集传输及存储子系统工作流程是以网络交换机为中心，摄像机采集视频数据后通过网线传输至交换机，交换机可通过网线将数据传输至 NVR 或电脑、收集等显示终端。

2. 作业人员在线巡更子系统

库内巡更装置：为实现检修作业编辑合成拼接功能，在地沟和两侧安装有巡更触发器，按照摄像机的对应位置放置，工作人员必须随身佩戴专用的便携式标签（见图 4.2.50），按照作业指导书规定的线路进行检查，每个点依次刷卡触发后，信息数据实时传输到服务器，系统自动生成对应的检修作业录像。

在线触发器与摄像机同步安装并关联，记录检修位置，启动摄像机。按照作业人员的检修作业路线进行安装，采用低频无线通信技术，对作业人员进行作业区间的定位，信息数据实时传输到服务器，随后系统自动生成对应的检修作业录像，每股道配备便携式卡片发射器 8 个。

（a） （b）

图 4.2.50 在线巡更子系统

3.作业监控评价管理软件子系统

此子系统由视频自动剪切编辑合成处理软件、视频服务软件、浏览软件、数据库软件、巡更信息采集软件组成，如图 4.2.51 所示。主要指通过有关信息检索剪切编辑拼接合成作业者的完整作业录像，管理员通过观看作业者的录像，可对其作业过程和质量进行主客观评价，评价内容涉及作业是否同步、穿戴是否整齐、防护工具是否带齐、是否手指指示、是否粉笔标记等 7 项指标，并自动统计和评价作业者检修作业时间是否合格、作业线路是否合格，形成客观评价与主观评价相结合的作业评价系统，最后形成档案保存在数据库。

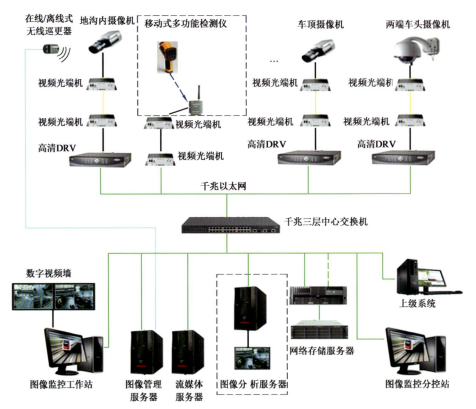

图 4.2.51 录像拼接软件及管理评价子系统网络结构示意图

该单元是该系统的终端核心部分，它是以视频拼接合成管理软件为中心，通过视频在线监测、回放观摩监测、综合测评，对检修作业人员的工作质量、检修水平给予一定评价，同时也对发现的问题及时纠正。有效的工作录像也成为检修电子档案，可进行电子网络存储、网络传播，供远程和历史查询，使作业具有可追溯性。

（1）作业视频编辑管理软件。

该软件的主要功能是如何众多摄像机的常态录像中调取出有效的作业时间段录像，并根据作业的股道、作业时间、作业者形成一段完整的视频文件，对应的记录每一个市域车辆作业人员的工作全过程，可以方便地下载、回放、网络传播，为对作业过程的评价管理、作业质量分析提供直接的视频文件。该软件需以各地具体摄像机布置、硬件支持、用户需求进行开发，其信息来源由安装的摄像机有效作业触发系统来提供。

自动生成的有效工作录像可以通过检修人名、作业时间等方式进行查询。

（2）视频监视软件。

该软件功能主要是将各个摄像机图像进行分组、编号，进行时时监控，可以单画面显示，也可多画面显示。并且可以在任意时间节点进行查询和下载录像，是库内作业和安保的重要保障。通过授权该软件可以安装在任何局域网内的计算机上，实现异地监控、回放查询和下载。

该软件首先将各个摄像机设为常态 24 小时录像，保障库内全面监视，实现全面时时监控。同时该软件将各组录像按照现实的需要进行编辑组合，供调度室的组合大屏幕分组显示，实现集中监控。其他监控学习点，如班组、学习室、所长室等，只需要对部分摄像机录像进行编辑分组设置，以满足不同的观看和使用需要。

（3）评价管理及统计分析软件。

该软件对检修作业人员的作业线路和时间进行记录和统计，对不符合作业线路和作业时间的作业人员进行自动评价和打分，并通过观摩编辑后的视频回放，对作业者进行标准化作业的 7 项指标进行人工判断和打分，打分数据保存在系统数据库。

4．显示子系统

集中显示单元主要是安装显示大屏，将视频信号、作业信息、统计数据等清晰地显示在大屏上。主要是通过大型液晶拼接屏对作业视频进行集中展示。市域车辆基地调度室一般配置 $3 \times 4 = 12$ 块液晶拼接大屏（见图 4.2.52），作为作业评价集中显示。

安全监控系统已在全国多个段所内得到推广应用，成为市域车辆基地检修作业的重要安全保障，如图 4.2.53 所示。安全监控系统已经成为域车辆基地内市域车辆出入库安全、安全规范检修作业的一套科技化、实用化、全面化的市域车辆基地管理及工作系统。规范作业过程，全面提高检修质量和管理水平，保障市域车辆优良的技术状态；同既有的"安全联锁监控系统"相结合，更好地保障市域车辆出入库作业安全、检修作业安全，是人、车安全和检修质量的有力保障手段。

图 4.2.52 调度室大屏显示子系统

图 4.2.53 市域车辆基地监控画面

五、市域轨道车辆检修管理系统

(一) 系统架构

1. 智能化车辆检修管理系统设计思路

参照 ANSI/ISA95 功能层次模型，可以将智能化市域轨道车辆检修管理系统划分为三个层次，分别为智能化检修综合管理层（MIM，Maintenance Integrated Management System）、检修操作管理层（MOM，Maintenance Operation Management System）、BIM（Building Information Modeling）信息数据层。MIM 系统主要关注于企业域的业务功能，例如检修作业任务定义，月检修计划、周检修计划，检修能力评估等功能。从时间跨度上来说，它关注于月、周时间内的检修活动；MOM 系统主要关注管理域的业务功能，如详细检修计划，人员管理，材料管理和设备管理等功能。从时间跨度上来说，它关注于一天内的检修活动；BIM信息数据层是整个系统的数据来源，能够为系统提供任意时刻所需要的基础信息，例如设备的状态，设备的基本信息等。从时间跨度上来说，它关注以秒为单位的检修活动。

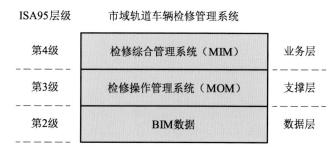

图 4.2.54 市域轨道车辆检修管理系统架构

2．智能化车辆检修管理系统交互模型

检修综合管理系统和检修操作管理系统的数据来源都是 BIM 数据，这是因为 BIM 是基于开放的架构和数据标准进行设计的，既可以让不同的专业进行数据共享和协同，也能有效地支持各行业内各个应用系统之间的数据交换。它可以为检修作业各项业务相关的人员、设备、材料等资源提供相关的信息，如状态信息、位置信息、时效信息等。

同时，检修操作管理系统为检修综合管理系统提供了四个方面的信息（见图 4.2.55）：

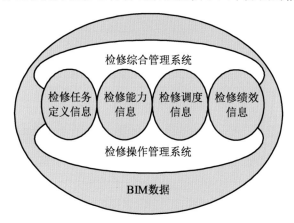

图 4.2.55 市域轨道车辆检修管理系统信息交互模型

（1）检修任务定义信息。

检修任务定义信息主要界定了检修任务的范围和内涵。修程修制所定义的内容就属于检修任务定义，包含了何时、何地、何人、依靠何设备如何完成何工作的信息。检修综合管理系统需要给出检修任务的定义信息，检修操作管理系统通过读取检修任务的定义信息，获得检修作业实施的指导。

（2）检修能力信息。

检修能力信息定义了当前任务执行单位所能够提供的检修能力，该能力指数是时间相关的，可以拆分为总检修能力，可分配的检修能力以及已经占用的检修能力。检修能力信息可以通过综合分析设备、人员、物料等检修作业相关资源的能力信息计算得出。

（3）检修调度信息。

检修调度信息是对检修任务的时间安排，按照检修任务时间要求以及检修操作管理系统的检修能力信息进行编制。按照调度时隙的不同，动车组检修调度可以划分为月调度信息、周调度信息、日调度信息，这些调度信息在各时隙开始前就要求制定好，分别由检修综合管理系统和检修操作管理系统实施。

（4）检修绩效信息。

检修绩效信息是对检修任务实际完成情况的记录，包括任务完成的质量，时间，物料消耗等。这些记录的原始数据能够支持对作业完成质量的评估，对检修效率的评估，对物料利用率的评估，对人员的绩效考核等评估工作，还能够进一步对修程修制的分析优化。

（二）检修综合管理系统

如图 4.2.56 所示，市域铁路车辆检修综合管理系统是直接进行检修作业活动管理的系统，因此需要面向检修业务进行子系统设计。

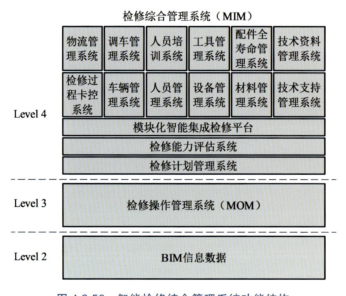

图 4.2.56　智能检修综合管理系统功能结构

各个功能模块是组成智能管理系统的基本单元。各个模块需要在工作过程中进行信息交互，在进行系统设计时，我们采用了企业信息总线作为各个子系统模块之间进行通信的基础，如图 4.2.57 所示。

在这一结构中，每个功能子模块都有一个唯一的地址，各个子模块在进行信息通信时，只需要向对应模块的地址发送信息，对应的模块就能够接收到信息。同时，企业信息总线包含了消息面板，如果某一模块需要关注指定信息源的信息更新情况，则可以在消息面板中对给定的信息相关性进行登记。当对应的信息发生变化时，消息面板负责将信息变化的情况发送给对应的登记模块。

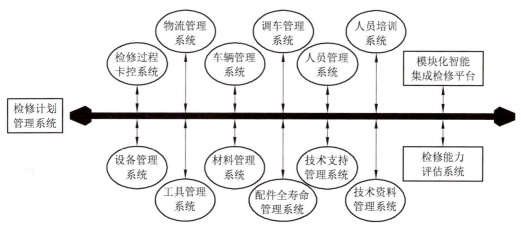

图 4.2.57　子系统模块通过企业信息总线进行信息交互

1. 检修作业计划系统

检修计划管理系统主要支持用户编制和管理市域铁路车辆的月、周、日检修计划，根据实际情况调整计划详细内容。主要功能包括月检修计划、周检修计划、临修作业管理、计划变更申请、日工作计划、调车建议计划等。

● 月检修计划：依据市域铁路车辆各专项修作业包的上次检修时间和检修时走行公里，结合对市域铁路车辆的运用计划安排，以作业包维修周期及允许调整范围为标准，测算市域铁路车辆专项修作业包的检修时间，用户参照测算结果编制近期的专项修计划。

● 周检修计划：周检修计划是对月计划的实施，在每周中将根据市域铁路车辆是否回检修基地测算作业包的实际检修日期，周计划中的作业包将直接影响日计划作业任务的安排，一般在周五制定下周的周计划。

● 临修作业单申请：发生临修任务时，应用此功能可以完成临修任务的申请、审核及查询。

● 计划变更申请：专项修计划发生变更时，通过此功能完成计划变更的申请及审批操作。

● 日工作计划：由调度人员对当日检修基地内市域铁路车辆编制检修作业任务，为作业管理平台的应用提供必要信息。

● 作业管理：提供检修作业任务分配和检修作业完成情况记录回填。

2. 检修能力评估系统

现有的检修管理系统中通常都不具备对检修单位的检修能力进行定量评估的能力。这一缺陷导致检修单位很难系统地掌握自身的检修能力。随着检修单位所承担的检修任务逐步增加，检修单位现有配置无法承担给定的检修任务而需要进行检修能力扩容时，缺乏指导性指标。

为了解决上述问题，研究设计检修能力评估系统，用于市域轨道车辆检修单位的检修能力进行量化评估，让管理者能够直接进行快速决策。市域轨道交通车辆一级修作业检修能力指数反映了一级修作业的检修能力，该指数给出了现有检修单位资源配置条件下能够进行以及检修作业的能力，而这一检修能力指数可以拆解为人员指数、设备指数、工具指数以及材料指数，这些指数随着时间推移以及现场状态的不断变化而变化。

如图 4.2.58 所示，在另一个维度上，检修能力信息包含三个层面的信息，分别是总检修能力，可分配的检修能力以及已经占用的检修能力。其中，总检修能力是检修单位的设计检修能力，不考虑实际检修要素状况。可分配的检修能力是实际可以分配的检修能力，这一检修能力是总检修能力扣除那些不可分配的检修能力而得到的，实际需要考虑人员请假、设备/工具的维修、送检等情况。已经占用的检修能力是现场作业已经占用的检修资源。

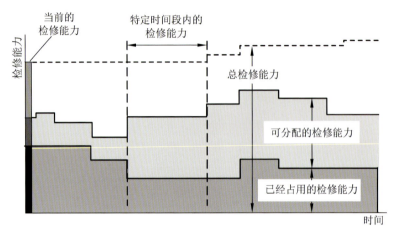

图 4.2.58　检修能力信息

3．模块化智能集成检修平台

模块化智能集成检修平台作为智能检修综合管理系统重要的要素，是集检修、信息采集、检修人员工具物料承载、信息查询为一体的基础设备。

这种平台不但是当前检修面临的问题解决所需要的，同时也是智能化检修工厂发展的一个趋势，智能平台的各项功能如下：

（1）主动移动定位：可以将检修平台根据当前作业项、车辆位置、检修接口等地理位置信息进行整合，在完成当前位置的检修任务后自动移动到下一检修位置，也可以进行手动操作，完成临时作业任务。

（2）被动位置感知：通过对库内的位置基站、库内的无线信息号、自身的惯性导航模块，将当前的地理状态信息发送给服务器，由服务器指出自身的位置及相邻平台的位置，为自动作业寻径提供数据依据。

（3）模块化可拼装：平台根据作业需求，由一系列具有专门功能的，带有机械、电气、控制、通信接口的模块进行拼装而成，不同的作业需求采用不同的模块组成，来完成移动、举升、检修执行、状态上报、命令接收、结果上报、物料申请等。

（4）智能化感知：平台在运行过程中，可以接收环境因素，并进行相应的动作，如气温上升提醒、重心不稳提醒、防护程度不够提醒、粉尘浓度、气体浓度提醒、与周边相邻障碍距离提醒及实时移动动作规避等，同时将各项数据上报服务器，为整个厂区的状况、环境、人员集中度、作业密集度提供依据。

（5）搭载人员工具物料：具备人员搭载、身份验证、物料管理、工具管理、权限管理等，结合作业过程控制系统对工具、物料的领用进行申请、接收等。

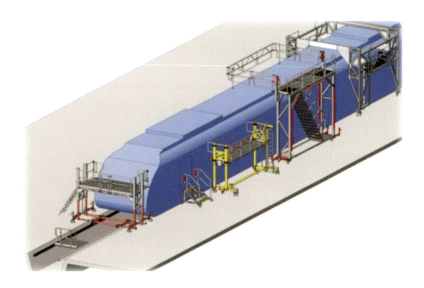

图 4.2.59　检修平台分布演示图

从硬件模块划分应当具备：电力储能模块、移动模块、举升模块、检修执行模块、平台控制模块、常用工具管理模块、常用物料管理模块，人员及车辆防护模块，外部通信模块等，各个模块通过机械、电气、控制接口进行互联互控。

从电气控制划分应当具备：平台动作控制模块、工具电气驱动设备。

从软件功能划分应当具备：作业计划及工单接收、检修数据采集、作业工序控制、工具动作控制及检修数据回填、检修结果填报、工具物料申请模块等。

4．检修过程卡控系统

检修过程卡控系统是智能检修综合管理系统的重要组成部分，它主要实现对作业现场的卡控，具体来说，是实现作业人员、设备、工具、材料、工艺、作业结果等信息的记录以及对各个作业单位任务完成情况的记录功能。

检修过程卡控系统与现场作业内容相关性较高，按照作业内容的不同，检修过程卡控系统中包含了多个不同的子系统，如运用修轴端安装作业卡控系统，油脂加注卡控系统、三板作业卡控系统等。如图 4.2.60 所示。

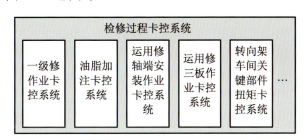

图 4.2.60　检修过程卡控系统结构

5．物流管理系统

现有的检修管理系统中，检修材料/工具的配送工作由检修人员完成，这种工作模式下，检修人员的工作时间并没有被充分利用。换句话说，检修人员做了生产配送人员的工作，而配送工作本身并不直接产生检修价值，因此这种工作模式效率不高。

为了解决这一问题，在市域轨道车辆管理系统中，专门设计了物流管理系统。该系统主要实现了人员、材料、工具等资源的检修物流问题。

该系统主要分为硬件和软件两个部分，硬件部分主要是一些物流设备，包括自行走小车、牵引挂车、自行车等。如图4.2.61所示。

图 4.2.61　物流设备

6．车辆管理系统

车辆管理系统主要负责管理市域轨道车辆。具体来说，主要管理涉及车辆的基础信息和进行部分车辆的调度计划管理工作。

（1）车辆基础信息管理：包括车辆的全生命周期管理基础信息，如关键部件的维修履历，关键部件的当前健康状态等；

（2）调车建议计划：结合站场布局、各类基本作业流程对作业股道的接续要求，以及各类作业对作业股道的限制条件，编制检修基地内的基本调车建议计划。

7．人员管理系统

市域轨道车辆检修作业任务的完成主体是检修作业人员，因此，人员管理系统是检修市域轨道车辆检修管理系统的重要组成部分。主要管理内容包括人员的基本信息（姓名、性别、学历、职位等）、人员资质信息（人员具有的各种专项作业资质，如探伤资质）、适应的检修内容（能够承担的检修任务类别）、培训记录（人员何时进行过何种类型的培训）、评价指数（作业工时等评价体系信息）等相关信息。

8．智能工具管理系统

市域轨道车辆检修设备/工具管理系统主要针对市域轨道车辆检修过程中所使用的设备/工具进行管理。设备与工具相比，设备的价格、操作复杂性以及维护要求都比较高。举例来说，洗车机属于设备，而扳手、螺丝刀等器具属于工具。设备/工具管理系统的主要管理内容包括设备/工具的基本信息（品名、类别、生产厂家、设备/工具编码等）、校准信息（对于计量设备/工具，需要定期进行校准，记录送检人、送检日期、校准周期等信息）、适用检修内容（适用检修项目、适用车型等）、使用记录（使用人员、使用时间、使用车辆、使用位置等）、设备/工具采购管理（采购申请、调拨申请）等相关信息。如图 4.2.62 所示。

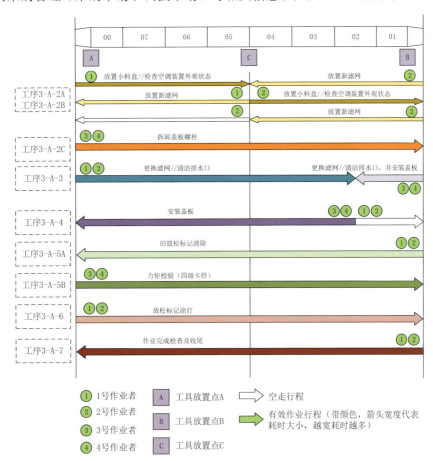

图 4.2.62 智能工具管理系统的应用

9. 材料管理系统

市域轨道车辆检修材料管理系统主要针对市域轨道车辆检修过程中所使用的材料进行管理。主要管理内容包括材料的基本信息（品名、类别、生产厂家、物资编码等）、质检信息（质检员、质检日期、质检周期、质检依据等）、适用检修内容（适用检修项目、适用车型等）、使用记录（使用人员、使用时间、使用车辆、使用位置等）、材料采购管理（采购申请、调拨申请）等相关信息。

六、运用修轴端扭矩卡控系统

1. 设备的研究和应用背景

在市域车辆运用修检修过程中，市域车辆一些重要辅助设备和行走关键部件（比如：牵引变压器、接地电阻、空气压缩机、空心车轴等）需要定期进行检修，而这些设备安装在列车的底部，检修这些设备，就不得不拆装轴端。故轴端的安装质量直接影响市域车辆的运行安全。市域车辆二级修"空心车轴超声波探伤"需拆装轴端盖，现场作业情况如图 4.2.63 所示。

图 4.2.63　空心车轴超声波探伤作业

　　市域车辆二级修"空心车轴超声波探伤"需拆装轴端盖（见图 4.2.64），拆装周期频繁、轴端类型多、螺栓数量大，极易发生扭矩漏打、错打。

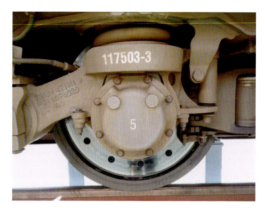

图 4.2.64　转向架车轴端盖

　　防止市域车辆转向架配件脱落是市域车辆检修和排查重点，提高市域车辆检修可靠性，不仅要从人员素质、工作态度方面着手，也要从流程控制、检修装备等技术层面考虑。

2．运用修轴端扭矩卡控系统技术分析

　　目前在二级修"空心车轴超声波探伤"安装轴端盖使用螺栓紧固力矩全部为普通力矩扳手或普通电子扭矩扳手，如图 4.2.65 所示。无法实现对作业过程的实时监控，杜绝力矩值过大和漏打问题，也无法准确判定作业超差的范围。轴端作业安全风险极大、不易控制。

图 4.2.65　轴端安装作业

　　目前作业方式主要存在以下三方面不足：

　　（1）由于轴端作业布局分散，作业项目复杂多变，现场作业人员容易发生疏漏。

　　（2）作业结果复核困难，已拧紧板块与未拧紧板块难以区分，只能依靠人工多次检查，占用大量作业时间，依

靠人盯人的管控方式来保证作业质量。

（3）作业结果不一致，每个人的体力、作业时作用力等因素的不同，很难保证螺栓拧紧力矩的一致性。

运用修轴端扭矩卡控系统是针对二级修轴端拧紧部分作业流程设计开发的智能装配系统。系统由无线电动扭矩扳手、无线数字扭矩扳手、电动预紧扳手、手持机、二维码识别模块、人员识别模块、中央控制机组、系统服务器、轴端扭矩卡控作业综合系统、工具管理模块组成。实现检修作业全过程的信息化管理。系统拓扑原理如图 4.2.66 所示。

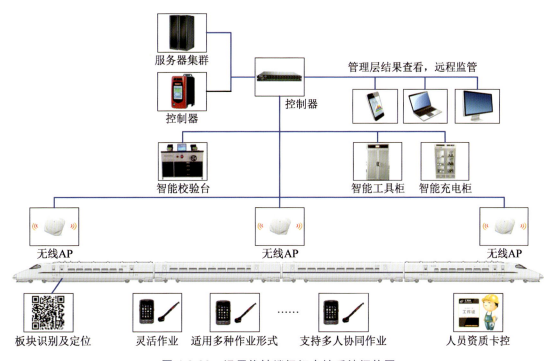

图 4.2.66　运用修轴端扭矩卡控系统拓扑图

作业时，调度人员通过 EMIS 系统给手持机下发任务，作业员通过手持机领取任务，并根据作业任务领取扳手，同时将扳手与手持机匹配连接。按作业内容提示逐步完成相应作业内容，作业过程中系统实时自动检测核对信息的准确性，错误会实时发出警报，提示扭矩超限。完工后质检员和作业员需要对作业内容进行二次复核，复核无误后，数据通过无线传输至服务器进行存档。管理层人员通过远程查看客户端，即可实时了解现场作业信息。

作业人员拿着手持机和扳手，用手持机扫码即可调取任务自由作业。

远程查看模块具有作业状态、日志分析、历史数据查询等功能，可以随时调取历史数据，并对历史数据进行统计分析。

系统实现效果：

（1）配置专用安卓系统终端软件，兼容不同工位不同型号市域车辆检修作业。

将目前不同型号车型的轴端作业流程进行梳理，分别配置到新研发的安卓手持终端系统中，实现不同型号市域车辆检修作业的兼容，安卓系统终端软件如图 4.2.67 所示。

图 4.2.67　安卓系统终端软件

（2）采用成熟的二维码技术，将定义好的板块信息以二维码的形式粘贴到板块上，通过扫码实现板块识别。通过手持机扫码实现板块信息的自动读取识别，实现安装板块的精准定位和作业段安装板块组装信息的自动调取，轴端二维码识别如图 4.2.68 所示。

（3）具备作业记录追踪功能，将无线扭矩扳手拧紧作业信息和使用人员自动采集录入信息库，并将关联后信息上传存储于服务器，可以实现对作业数据永久追溯。

系统实时记录作业过程信息，真实记录每一个扭矩值，并将所有安装扭矩、作业人员、车组信息电子存档，以备数据追溯。

（4）具备无线 WIFI 实时传输功能，实现力矩涂打规范性的实时检查，发现问题可直接通知作业者，实现互联互通。

图 4.2.68　轴端二维码识别

系统实时进行安装扭矩与目标扭矩进行对比，实时纠正现场不规范操作，出现不合格情况实时声光报警，弥补了以往只能事后追责但不能事前预警的缺陷。并且技术管理人员在办公室可实时看到现场作业进度、作业人员信息、扭矩信息，如图 4.2.69 所示。

（a）　　　　　　　　　　　　（b）

图 4.2.69　轴端作业数据采集提示

（5）具有无线扭矩扳手和手持机自由匹配功能

作业时可以任意选取扭矩工具通过手持机扫描扳手二维码实现扭矩扳手和作业手持机的自动关联配对（见图 4.2.70），实现扳手与作业内容的自动关联。

（a）　　　　　　　　　　　　　（b）

图 4.2.70　扳手与手持机关联配对

（6）通过数据库的建立，实时分析，可以不断纠正作业人员作业不规范行为，及时发现螺栓寿命质量问题，使市域车辆轴端作业实时处于受控范围。

（7）工具管理模块，实现现场的工具监控管理。

系统配置智能工具柜（见图 4.2.71），主要由智能控制系统、工具盘点系统、指纹系统、人脸识别系统、视频录像系统、网络传输系统等组成（见图 4.2.72），工具盘点主要采用 RFID 射频技术实现工具自动识别盘点。

图 4.2.71　智能工具柜

（8）配备智能充电柜（见图 4.2.73），实现现场电池工具的充电管理，烟雾报警功能。

（9）扭矩工具的日常校验，实现校验数据的自动采集结果自动判断（见图 4.2.74 和图 4.2.75）。

（a）工具取用过程监控

（b）人脸识别

（c）指纹识别

（d）IC 卡识别

图 4.2.72 监控形式

图 4.2.73 智能充电柜

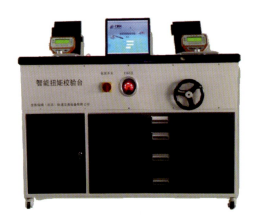

图 4.2.74 智能扭矩校验台

图 4.2.75 校验数据自动采集和结果自动判断

3．运用修轴端扭矩卡控系统应用

运用修轴端扭矩卡控系统应用是针对市域车辆检修过程中轴端安装作业开发的智能化管理系统。可以实现运用修作业"一网、两防、三控"。一网：一套网络、数据共享；两防：防错装、防漏装；三控：控资质、控校验、控数据。该系统解决了安装作业过程中人员卡控、扭矩防错、螺栓漏装、数据记录等问题，使轴端安装作业更加精确、高效、规范。

该系统应用不仅提高了员工的业务素质和工作效率，使运用修作业开始呈现出过程标准化和流程规范化趋势，轴端安装作业组织管理更加合理有序。

（1）减少检查工作量，提高作业效率。系统具有螺栓计数功能，可有效避免漏打、错打，错误时时报警提醒，减少工人螺栓紧固完成后的反复检查，同时作业使用无线电动伺服扭矩扳手，实现自动拧紧控制扭矩值，有效提高拧紧作业效率。

（2）降低故障风险。市域车辆部件脱落可能造成严重的行车安全事故，危及人员生命安全、造成巨大损失。采用该系统，可有效控制安装质量，确保市域车辆轴端安装扭矩符合工艺要求。

（3）卡控扭矩作业。系统按照工艺文件标准设计流程，引导作业员按照标准流程作业；系统实时监控作业结果，声光提示作业人员合格情况。

（4）利于提高检修质量及管理水平。使用该系统，可以实时记录作业数据，并上传至数据服务器。并将所有安装扭矩、作业人员、车组信息电子存档，可根据安装历史记录对作业人员的成功率、作业效率、工时等进行数据追溯和分析，提高检修质量及管理水平。

修轴端扭矩卡控系统在可在市域车辆检修基地推广应用（见图4.2.76），同样可推广应用到裙板和底板的检修作业（见图4.2.77），不仅完善了市域车辆检修体系，可以带来良好的经济效益和社会效益，对于我国市域铁路的发展具有重要意义。

（a）　　　　　　　　　　　　　　　　（b）

图 4.2.76　轴端扭矩卡控系统的应用

（a）

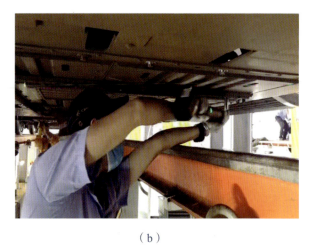

（b）

图 4.2.77 轴端扭矩卡控系统在裙板和底板检修应用

第五章 工程设计及创新

一、规划背景

温州市现辖鹿城、龙湾、瓯海和洞头四个市辖区，瑞安、乐清两个县级市，以及永嘉、平阳、苍南、文成、泰顺五个县，总面积 22 784 km²，其中陆域面积 12 065 km²。温州是典型的地少人多城市，在自然地理条件方面，温州有瓯江、飞云江、鳌江三大水系和众多山体，山水阻隔、土地稀少，水文地质上属于典型的深厚软土地区，市区轨道交通建设条件差、难度大。其人口分布呈现组团式的特点，2017 年末温州市常住人口为 921.5 万人，城镇化率达 69.7%，主城区面积狭小、道路拥挤、老旧房屋密集。温州市产业呈现块状式、组团式分布，主要包括市区的服装和鞋革、乐清的电子电器、瑞安的汽摩配、永嘉的泵阀、苍南的包装印刷、平阳的塑编等，城镇之间、城镇与市区之间交流联系密切。温州市城市总体规划于 2017 年重新修订，其总体布局为"一主两副三级多点"、强化各级中心城市集聚整合的网络型市域城镇体系空间结构。市域铁路作为城市空间布局的重要支撑，作为中心城区连接周边城镇组团及其城镇组团之间的通勤化、快速度、大运量的城市轨道交通系统，是最契合温州当前城市发展的轨道交通方式。与国内大部分城市轨道交通先市区后市域的建设模式不同，为了拉大城市框架，温州先修建外围市域线来串联沿线城镇群，既有利于满足城市交通需要，疏导中心城区客流，有利于引导集约化利用土地，美化城市环境，又有利于推进新型城镇化发展，促进产业集群发展。

二、规划线路

温州市域轨道交通线网规划了 4 条 S 线，即 S1、S2、S3、S4，线网总长 269.25 km，其中近期建设 3 条，即 S1、S2、S3，见图 5.1.1，规划设站 76 座，其中换乘站 12 座（含与城市轨道、区域干线换乘站）。

S1 线：为东西走向的都市快线，构建未来温州大都市核心区两大中心——中心城和瓯江口新城的快速联系通道，承担都市区范围内东西向组团间快速交通联系，串联瓯海中心区、中心城区、龙湾中心与永强机场和半岛，并服务高铁站、永强机场，预留向洞头延伸条件。线路全长 77.0 km，平均站间距 2.8 km；其中 I 期工程线路全长 51.9 km，其速度目标值为 120 km/h。

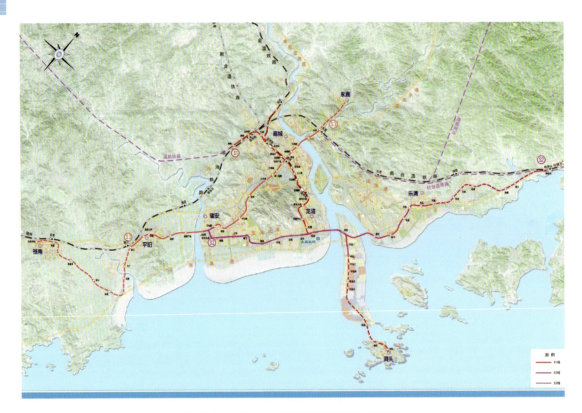

图 5.1.1 温州市域铁路线网规划示意图

S2 线：为东北—西南走向，北起沿海铁路雁荡山站，经乐清、温州、至瑞安，是构建未来温州大都市核心区沿海产业发展带快速联系通道；承担都市区范围内沿海地带南北向组团间快速交通联系，是串联乐清辅城、瓯江口新城、瑞安辅城的主要通道。全线里程 88.9 km，共设站 20 个，平均站间距 4.68 km，其速度目标值为 140 km/h。

S3 线：为南北向，是构建中心城区与永嘉、瑞安、平阳、鳌江副中心间快速连接通道。线路全长 56.2 km，设站 23 个，平均站间距 2.6 km，其速度目标值为 140 km/h。

S4 线：为西北—东南走向，是双屿、瓯北、七里（乐清）的快速连接通道，是构建温州市"一江两翼"发展的需要。线路全长 47.15 km，全线共设站 10 个，平均站间距 5.2 km，其速度目标值为 120 km/h。

三、基地设置及资源共享

（一）现网车辆基地规划

根据线网规划，在 S1 线桐岭站后设置车辆段一处，承担 S1 线配属列车的一二级修及整备、停放任务；S2 线在瑞安莘阳大道站后设瑞安车辆段，承担近远期 S2 线配属列车的停放、整备、运用及一二级修任务；S3 线在新城广场站设飞云车辆段，承担近远期 S3 线配属列车的停放、整备、运用及一二级修任务。根据运营需要，在各线路设置一至两处停车场。

线网市域车辆基地设施布置规划如表 5.1.1 所示。

表 5.1.1　全线网市域车辆基地设施布置规划

线路	基地名称	负责线路及功能	占地面积
S1 线	灵昆岛车辆检修基地（含车辆段）	S1 号线部分列车的停放任务，S1、S2、S3、S4 线所有车辆的三四五级修作业	占地约 40 ha
	桐岭车辆段	S1 线配属列车的一二级修及整备任务	占地约 20 ha
	洞头停车场	远期 S1 线部分配属列车的停放	远期预留，占地约 8 ha
S2 线	瑞安车辆段	S2 线近远期、S3 近期配属列车的一二级修及整备任务	占地约 24 ha
	下塘停车场	S2 线配属列车的存放任务	占地约 6 ha
	雁荡山停车场	远期 S2 线部分列车的停放	远期预留，占地约 8 ha
S3 线	飞云车辆段	S3 线配属列车的一二级修及整备任务	占地约 25 ha
	灵溪西站停车场	远期 S3 线部分列车的停放	远期预留，占地约 20 ha

　　按照规划线路的重要性和线网的修建顺序，根据"检修集中，运用分散"（检修即车辆三四五级修、运用即市域车辆一二级修、洗车、存车、整备）的思路，S 线网设车辆检修基地一处（根据相关规划，灵昆岛将设置车辆制造地基一处，考虑合建为车辆修造基地），承担温州市域铁路线网内所有配属市域车辆三四五级检修任务。温州市域轨道交通线网车辆运用检修设施规划示意图如图 5.1.2 所示。

图 5.1.2　温州市域轨道交通线网车辆运用检修设施规划示意图

（二）车辆基地工程设计

1．功能及选址

如图 5.1.3 所示，温州市域铁路 S1 线一期工程线路全长 53.507 km，其中路基 3.029 km、桥梁 7 座 39.112 km、越岭双线隧道 2 座 1.323 km、地下线 10.043 km，桥隧比 94.34%。全线近期设置车站 17 座，其中地面车站 2 座（桐岭、温州南），高架车站 13 座（潘桥、温州西、德政村、龙霞路、温州站、府东路站、上江路、龙腾路、温州大道、南洋大道、灵昆、半岛一、半岛二），地下车站 3 座（奥体中心、永强、机场），预留车站 2 座（下斜、文昌路），近期工程平均站间距 3.13 km，远期平均站间距 2.73 km；于桐岭站位置设桐岭车辆段一处，半岛二站东端设灵昆车辆段一处，温州站附近设控制中心。

图 5.1.3　温州市域轨道交通 S1 线路示意图

2．灵昆车辆段的设计

灵昆车辆段主要承担 S1 线配属车辆的年检任务，部分配属车辆一二级修、停放、镟修任务；部分配属车辆停放、运用、整备、清洁和定期消毒等工作；承担线网司机及相关人员的培训工作；承担本线综合维修中心的任务；承担本线车辆检修后及新车到场后的调试工作。

灵昆车辆段（检修基地）规划滨水南路以北和纬六路以南，跨海一路以东经十四路以西之间的部分地块，目前为滩涂，规划为工业园区。如图 5.1.4 所示。用地范围内地势较低，现状地面标高在 2.5～2.85 m，高差为 0.35 m 用地范围内为填海滩涂，用地范围内无房屋拆迁。

灵昆车辆段出入段线在半岛二站站后接轨，出入段线均按双进路设计，如图 5.1.5 所示。

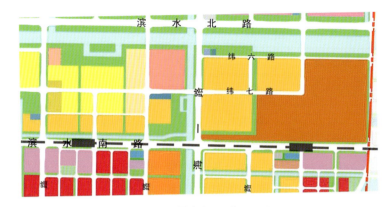

图 5.1.4 灵昆车辆段选址示意图

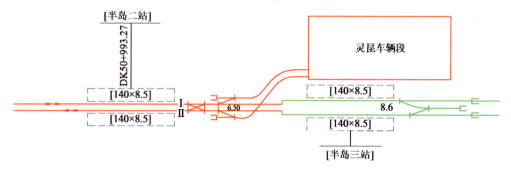

图 5.1.5 灵昆车辆段接轨方案

3．灵昆车辆段总平面布置

场区东侧自北向南依次为综合办公楼、食堂浴室及乘务员公寓、门房、检查库、车辆段立体仓库、9 条（18 列位）存车线，检查库西侧设清洗吹扫库和 12 条（一线一列位）存车线。咽喉区南侧设跟随动调试验间、材料棚、变电所、调机工程车库、汽车库、给水所、污水处理厂等，咽喉区北侧设镟轮线，出入段线处设轮对受电弓自动检测装置，入段线北侧设洗车库南侧设综合维修物资总库及实训轨道和信号培训教室等。

图 5.1.6 灵昆车辆段平面布置图

4．灵昆车辆段盖上盖下设计

灵昆车辆段采用上盖开发，工程位于温州市瓯江口新区一期区块范围内的 G-02-05、G-02-06-01、G-02-13-01 地块。项目东南向临经十四路，西南靠滨水南路，西北接跨海一路、东北向靠纬六路，总用地面积约 476（1 亩 = 666.7 m²）。

由于地块的特殊性，项目分为了盖上和盖下 2 个层级系统，盖上为居住小区，需要满足车辆及行人的进出；盖下为车辆段，也要满足车辆及行人的进出。盖下车辆段部分，车辆直接从地面市政道路通过车行出入口进入地块内部。而盖上部分由于与地面存在较大的高差，车辆、行人均在竖向上有跨越。如图 5.1.7 所示。

图 5.1.7　交通流向示意图

上盖平台设置 7 个匝道（双车道），其中 1 号匝道位于 B 区北侧、单上组织；2 号匝道位于 C 区北侧，单下组织；3 号匝道位于 E 区，双行组织；4 号匝道位于 B 区南侧、单下组织；5 号匝道位于 C 区南侧、单上组织；6 号匝道位于 E 区南侧、单下组织；7 号匝道位于 F 区南侧、单上组织；7 个单行匝道均位于地块建设红线范围内。如图 5.1.8 所示。

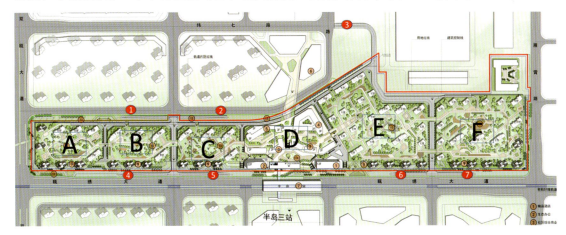

图 5.1.8　出入口示意图

5．灵昆车辆段主要建筑方案

车辆段以存车场、6 线检查库、洗车库、临修镟轮库、吹扫库等厂房为主体组成生产区；以综合楼和宿舍楼为主体组成办公生活区，内设办公楼、食堂、宿舍等；咽喉区南侧设跟随动调试验间、材料棚、变电所、调机工程车库、汽车库、给水所、污水处理厂等。

灵昆车辆段上盖的方案总体布局是"一心五组团"，包括一个"TOD 社区中心即邻里中心"，五个"居住组团"。根据建筑类别不同，划分为盖下车辆段、盖上开发、落地开发三个板块，一共由 64 栋住宅楼、5 栋物业配套用房、4 栋多层商业建筑、1 栋幼儿园、1 栋社区服务中心、1 栋办公楼，1 栋酒店，共 77 栋建筑。总用地面积为 28.27 万 m^2，总建筑面积为 95.4 万方。如图 5.1.9 所示。

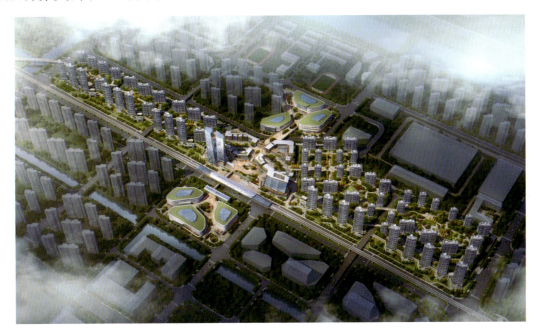

图 5.1.9 车辆段上盖开发效果图

6．桐岭车辆段的设计

桐岭车辆段承担 S1 线部分配属车辆的一二级修任务；部分配属车辆停放、运用、整备、清洁和定期消毒等工作，承担 S1 线配属车辆的临修及镟轮作业；负责本线先期开通段（西段）事故列车的救援工作；负责本段行政、技术管理和材料供应、后勤等工作；承担本线先期开通段（西段）新车到场后的调试工作。

如图 5.1.10 所示，桐岭车辆段位于温州市瓯海区潘桥镇桐岭村站西路东侧，车辆段北侧设桐岭站。该区域内主要以农田为主，车辆段南侧为农村民居，北面临近沿海铁路瓯海货场，东侧临近沿海铁路，西侧紧邻温州市 500 kV 变电站，高压走廊从出入段走行线上方贯穿而过。场区西侧为站西路，对外交通方便快捷。

车辆段用地范围内地势稍起伏，从北至南地势渐高，车辆段用地范围内现状地面标高在 3.65～8.08 m 之间，高差为 4.4 m，车辆段南侧有一村庄，建筑物密集，建筑物基本为 3～5 层的楼房，村庄北侧以农田为主，两条河流贯穿农田。

出入段线在桐岭站后接轨，均按双进路设计，如图 5.1.11 所示。

图 5.1.10　桐岭车辆段地理位置示意图

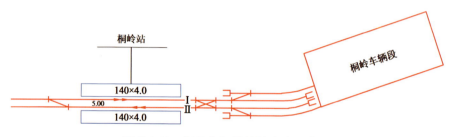

图 5.1.11　桐岭车辆段接轨方案示意图

7. 铜岭车辆段总平面布置（见图 5.1.2）

桐岭车辆段出入段线设一套轮对踏面及受电弓检测设备，自西向东依次并列布置 1 条洗车线、1 条镟轮线、1 条临修线、4 线检查库、以及横列式布置的 18 条存车线，并预留 2 条存车线。生产生活房屋按功能分区设置，有综合办公楼、给水所、食堂浴室、乘务员公寓及门房、污水处理厂等。段内设环形运输道路和消防道路，设出入口 2 处于段外既有道路相连，主出入口设在车辆段西侧，次出入口在车辆段南侧。段内道路呈环状布置，主要生产办公房屋周围均设有环形道路，能满足生产、生活及消防要求。

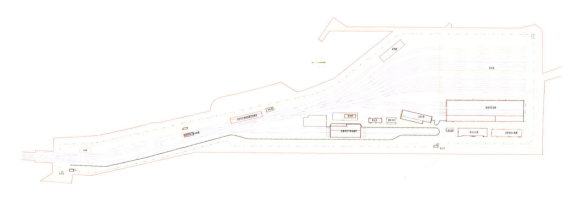

图 5.1.12　桐岭车辆段总平面布置示意图

8．灵昆车辆基地的设计

为兼顾线网检修新造需求，灵昆基地选址位于 S1 线和 S2 线换乘站灵昆站以东，具体选址在温州市瓯江口产业新区，位于规划滨水南路以北和纬六路以南、跨海一路以东、灵昆岛东围堤以西之间的部分地块，选址鸟瞰图如图 5.1.13 所示，选址地块为人工填海区。

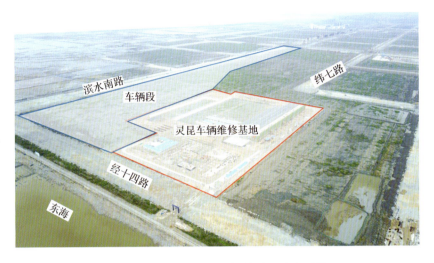

图 5.1.13 灵昆车辆维修基地区位鸟瞰图

灵昆车辆维修基地作为国内首个修造合一市域铁路车辆基地，承担着温州市域轨道交通线网 S1、S2、S3 三条市域铁路（总长度 179.8 km）的车辆新造和维修任务。

9．灵昆车辆基地总平面布置

温州市域铁路灵昆车辆维修基地总规划用地面积 586.2 亩，总建筑面积 60 196 m² 。工程主要涉及车体涂装系统、总装系统以及调试系统，主要有车体装 2 个卸台位，6 个涂装台位，12 个单车试验台位，20 个总装台位以及 4 条静调线。新建总装库及边跨、涂装及单车试验库、静调库、存车场以及配电所等生产及辅助房屋。

灵昆维修基地按功能划分为运用检修生产区和修造生产区，修造生产区以室外移车台为中轴线布局流水修工艺厂房，移车台西侧设总装厂房（内设 12 台位总装库、物流仓库、配线装配库和三层边跨）、转向架检修库、部件检修库、静调库、整列淋雨线、存车线等设施，以该库为修造组合厂房核心，两端设置移车台。移车台东侧设涂装库、单车试验库、整车称重、淋雨试验线等设施。

市域动车组的吹扫及解编在运用检修区完成，该区位于修造生产区北侧，运用检修区新建检查库、年检库、吹扫库、物资总库、吹扫库、洗车库、轮对踏面检测设备等设施，修造生产区与运用检修区之间设置综合楼。

图 5.1.14　温州灵昆维修基地鸟瞰图

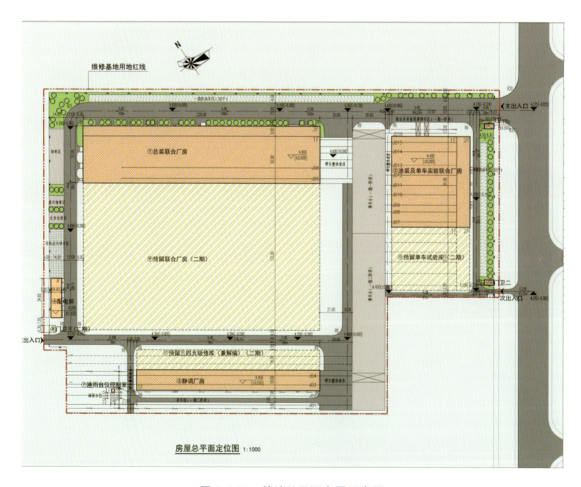

图 5.1.15　基地总平面布置示意图

四、主要技术创新

（一）检查库检修创新

借鉴国铁动车运用所检查库整体装备体系，选用以轨道桥、三层作业平台（见图 5.1.16）、股道安全联锁等设备为代表的高效检修装备。三层作业面采用地面下沉式的半架空三层面，以库内走行轨顶面作为基准，底层作业面标高以方便人员直立检查走行部为准，中层作业面与车内地板面同高，方便工作人员进出车厢，顶层作业面接近车顶高度，方便车顶受电弓及空调部件的检修作业。作业平台采用吊挂式结构，整体库房效果通畅明亮，视觉效果突出。

图 5.1.16　检查库三层作业平台

（二）综合管线系统创新

城市轨道交通车辆基地库内管线综合多采用电缆沟敷设，由于库内检修作业易引起沟盖板损坏，且沟内易渗水，滋生蚊虫和细菌，对库内生产环境带来不利影响。

桐岭车辆段首次在城市轨道交通系统中采用先进的库内综合管线集成吊挂系统，全装配式设计施工，降低工程造价，轻质美观易检修。充分利用空间，可使各专业的管束得以良好的协调，达到空间和资源共享，提高有限空间利用率，从而可以确保设备区走廊的标高，解决了标高和检修通道预留困扰的难题，安装速度快，施工工期短，安装速度是传统做法的 6~8 倍。施工无须电焊和明火，无须传统吊架防腐（刷漆或镀锌）的工艺处理，环保性能佳。既有利于工程实际应用，又便于理论研究，具有广泛的推广应用价值。

（三）车辆基地调度集中创新

桐岭车辆段是高新技术集成体，技术含量高，能快速、准确地完成各种业务信息的采集、处理和传递，实现生产流程高效运转，充分发挥维修资源能力，保障市域车辆的高效检修、安全运营。

桐岭车辆段集中设置了车辆调度控制中心 DCC，集成了车辆运用检修调度、派班、电力调度、股道安全联锁及门禁系统、CCTV 监控、信号联锁监控、BAS 监控等功能及相应的信息整合，从而提高人员利用率，减少定员，提高车辆基地运转效率和安全性。

（四）深厚软土地基条件下整体车辆基地建造创新

软基处理是一项复杂的工程，软基处理方式的合理与否直接决定了项目的实施难易、成本高低。温州灵昆维修车辆基地自然地质条件为经人工吹填形成的沿海滩涂地，勘察资料显示场地内表层为 3～6 m 吹填淤泥土，中部约 40 m 淤泥，局部夹粉砂，其下约 20 m 软塑状黏土，底部细圆砾土。场地填筑的稳定性和不同工程的沉降控制是修造基地工程建设的关键，直接影响后续厂房的建设与使用、设备的安装与运行。因此，根据不同建筑物需求，优化地基处理方案，对保证工程安全、控制工程投资具有重要的意义。

图 5.1.17　灵昆车辆维修基地原地面

对厂区内道路及场坪，由于沉降控制标准低，采用堆载预压结合塑料排水板处理，塑料排水板有利于下部淤泥质土的排水，加快地基土的固结，上部预压荷载可加速排水，缩短施工工期，后期卸载后可作为建筑区的填料。此种联合处理方案，不仅能满足道路及场地的使用要求，缩短了施工工期，还优化了填料的综合利用，经济效果显著。

针对有砟轨道区的承载力和沉降要求，创新地提出了"长板短桩"结合堆载预压的处理方案，使用较长的排水板对下部的地基进行排水固结，以使地基达到需要的强度；采用相对较短的搅拌桩，交叉布置在排水板之间，提高地基的复合承载力和整体性，以满足地基的承载力和稳定性要求；采用堆载预压加速以上处理方案的效果，缩短施工工期，后期卸载后作为建筑区的填料。"长板"与"短桩"相互补充，相得益彰，堆载预压缩短施工时间，提高处理效果。

应对车辆制造及检修车辆设备基础高精度要求，新造和检修库房结构形式采用了150 mm 厚零层板结合超长管桩（78 m）完成地基处理，室外移车台和龙门吊基础均采用超长管桩处理，使建筑区基础连成整体，为厂内设备提供稳定可靠的平台。工程实施单根管桩长度达 78 m，创造了国内车辆基地管桩长度新纪录。如图 5.1.18、图 5.1.19 所示。

图 5.1.18　库房基础施工现场

图 5.1.19　室外移车台基础施工现场

在深厚滩涂地区进行车辆基地的建设，系国内首次。针对项目各工程特点，分类细化基础处理方案，统筹工程措施，不仅满足了各工程的要求，还节省了工程投资，缩短了施工周期。地基处理方案对类似工程建设具有示范作用。

本项目在深厚滩涂地区针对不同建筑物的分类处理方案，经施工和运营检验，证明工程措施科学合理、安全有效。经综合分析，工期控制和成本控制效果显著。

第二节 宁波至余姚市域铁路

一、线网建设情况

宁波枢纽日前主要有既有萧甬铁路、甬台温、杭甬客专等干线铁路，宁波港通过镇海支线、北仑支线连接萧甬既有铁路与中西部地区沟通，地方铁路余慈支线在既有萧甬铁路蜀山站接轨，如图 5.2.1 所示。

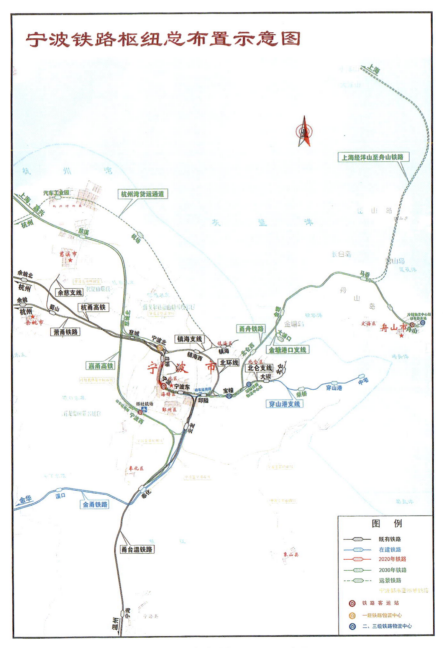

图 5.2.1 宁波铁路枢纽总平面布置图

枢纽在建金甬铁路，穿山港支线；近期建设庄桥—宁波三四线；规划建设嘉甬高铁、甬舟铁路；远景规划预留上海经洋山至舟山铁路、杭州湾货运通道、宁波—宁波东三四线等。枢纽规划年度形成衔接杭州、嘉兴（上海）、金华、温州等 4 个方向，杭甬、嘉甬、甬台温高铁、金甬、萧甬、甬舟铁路等干线引入的放射状铁路枢纽。

萧甬铁路起自杭州市的杭州南站，终于宁波站，线路总里程 147 km，为国铁 I 级双线电气化铁路，该线路目前客货混跑，最高速度 120 km/h。萧甬线资产属于萧甬公司，运营管理委托上海铁路局负责。

2015 年 7 月 1 日调图后，既有萧甬铁路存在富余能力。宁波与余姚主城区间短途城际客流需求，既有萧甬线普速列车和杭甬客专高速动车组列车难以完全满足。地方政府、萧甬公司及路局考虑利用萧甬铁路余姚至宁波段（约 49.6 km），开行宁波至余姚的市域列车。

宁波至余姚市域铁路（见图 5.2.2）全长 50 km，采用 CRH6F 动车组，初期配属 2 列车，全日开行 8 对。先开段工程为宁波站、余姚站改造工程及新建余姚动车运用所工程。宁波至余姚市域于 2017 年 6 月 10 日开通试运营，为全国首条利用既有铁路开行市域列车的线路，有效利用了既有铁路资源，避免了资源浪费，节省了工程投资，减轻了地方政府及铁路部门的财政压力。既有铁路靠近市区，提供了更加方便快捷的出行方式。在国家发改委及铁路总公司积极推进城际市域铁路发展的大环境下，宁波至余姚市域以最小的投入获得了最高的效益，为我国既有线改造市域铁路提供了新样本。

我国高铁线路发展迅速，原先承担主要客运职能的既有线铁路，仅在跑为数不多的长途普速旅客列车和货车，所以就产生了富余运能。由于既有线车站大部分建在各地的主城区内，利用既有线改建成市域铁路，既实现了运能充分利用，也方便了旅客出行，更重要的是节省了成本。宁波至余姚市域铁路是国家发改委批复的《浙江省都市圈城际铁路近期建设规划》11 条铁路中首条开通试运营的，也是国内首条利用既有国铁改造，开行市域列车的项目，为开展同类项目的规划报批、勘察设计、建设管理、经营开发立标打样，在国内具有示范意义。

图 5.2.2 宁波至余姚线路走线示意图

二、基地设置与资源共享

宁波至余姚市域铁路最重要的工程为余姚动车运用所，在宁波地区动车设施紧缺的情况下，余姚动车运用所为城际列车的开行提供了最基本的保障。

　　动车运用所利用余姚站东向废弃货场进行改造，受地形、地物等条件限制，余姚货场内用地十分紧张，在有限的空间内，又要同时设置动车检修设施、城际站台及旅客通道等，方案布置困难。

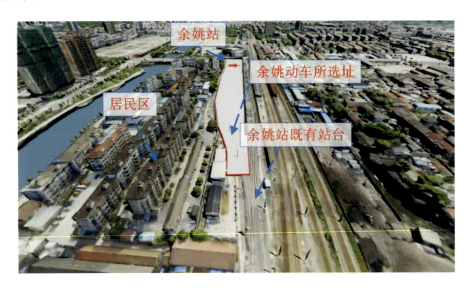

图 5.2.3　余姚站选址示意图

　　经多方案比选、技术优化与创新，在货场内的狭长地带横向布置动车运用所，所内设检查库线 2 条（仅做一级修，兼具转向架更换功能）、轮对踏面及受电弓诊断线 1 条、牵出线 1 条。动车运用所北侧并列设置城际站台及到发线，旅客走廊设置于站台西侧，与新建城际车站相连。

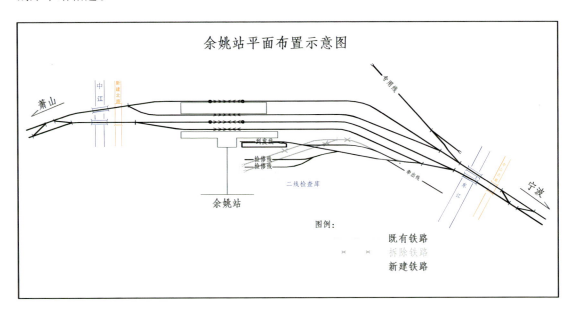

图 5.2.4　余姚动车运用所选址及平面布置示意图

检查库及边跨位于动车运用所西侧，库前1股道设置轮对踏面及受电弓诊断棚，牵出线位于动车运用所东侧，检查库线及牵出线通过渡线与城际到发线相连。动车运用所东南侧设置空压机间、整备用房及给水加压站。检查库周边设有环形消防道路，满足消防要求。动车运用所对外设有1处出入口，出入口位于动车运用所东南角。

图 5.2.5　余姚动车所建成 VR 效果图

宁波至余姚市域铁路动车组一级修由余姚动车运用所承担，二级修利用杭州艮山门动车运用所。

余姚动车运用所打破常规做法，通过技术革新，解决了诸多难题，保证了宁波至余姚城际铁路的开通运营，成为国内功能齐全、别具特色的袖珍型动车运用所。我国现有 100 多个动车运用所面临升级改造的现状，既有动车运用所存在类似的用地受限、条件困难、环境复杂等问题，可将余姚动车运用所设计经验及设计手段推广应用，为项目论证提供有利信息，为工程实施提供全生命周期的信息化解决方案。

三、主要技术创新

（一）检查库转向架更换技术

动车运用所内通常设置转向架更换设施，转向架更换目的是保证动车组能够快速处理临时故障，常规做法在动车段、运用所内设置专用临修库，设置转向架更换设施。余姚动车运用所设置 2 线检查库（一级修），选址范围无法按常规方法布置临修库，通过创新型设计，将转向架更换设施与 2 线检查库合设，解决了以上难题。

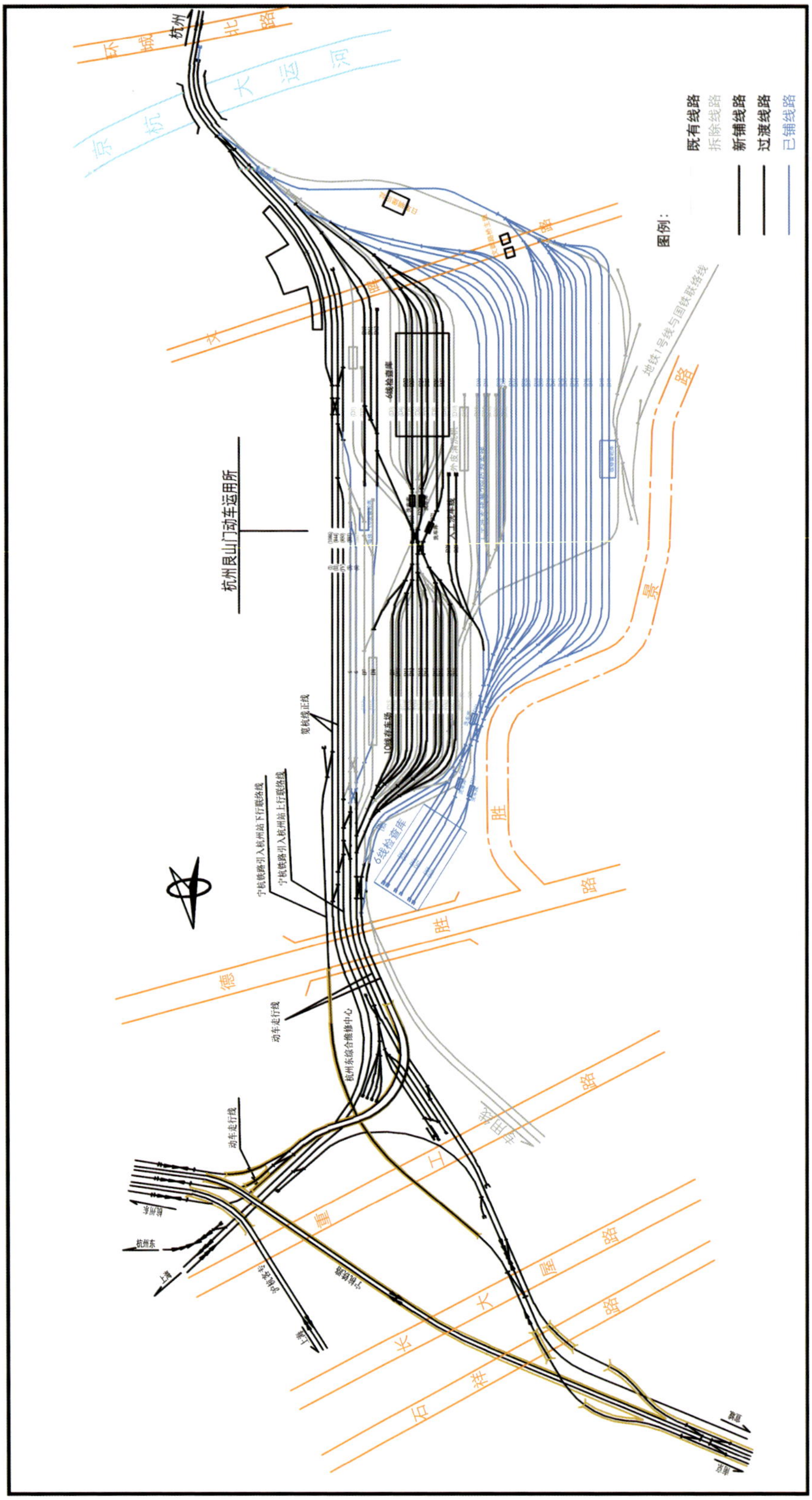

图 5.2.6　杭州艮山门动车运用所平面布置示意图

图 5.2.7　余姚动车所建成实景图

图 5.2.8　余姚动车所检查库模型图

　　转向架更换设施与 2 线检查库合设,存在一系列技术难题。首先,常规转向架更换设施在股道两侧设置固定龙门式架车机,若将此类架车机设置在检查库内,则对检查库内检修作业影响较大。因此,将一侧架车机改为移动龙门式架车机,平常放置于边跨内,使用时沿走行轨进入检查库。同时,将另一侧架车机改为两个移动单柱式架车机,同样放置于边跨内,使用时用叉车移动至检查库内。

图 5.2.9　余姚动车所转向架更换设备现场图

其次，检查库内设置三层作业平台，第二层平台底距地面高 2.05 m，而架车机高度一般为 3.4 m，与作业平台冲突。通过优化结构设计，将架车机高度降低为 2.5 m，同时将架车机作业范围内的二层平台设置为可上下移动的活动式作业平台，当架车机作业时，将平台升高 0.6 m，作业完成后，平台下降至原高度，保证库内正常检修作业。

常规转向架更换设备将部分轨道桥设置为可上下移动的机构，在更换转向架时，转向架与轨道同步下移，随后轨道沿垂向导轨移动，将转向架移出。此类机构会破坏检查库内轨道桥下的检查坑，影响检修作业。

图 5.2.10　与库内转向架更换设备配合作业平台现场图　　图 5.2.11　常规转向架更换设备现场图

对轨道桥机构进行调整，使其可沿线路纵向移动，同时配备移动平车，平车上设置轨道支撑机构及转向架升降机构。作业时，在平车的支撑下，首先将轨道移出，然后再将转向架移下。为节省空间，转向架升降机构采用举升高度高、占用空间小的多级液压缸升降系统。转向架降下后，再由移动平车运送至边跨内，移动平车采用多轮支撑，可跨越检查坑，而不破坏其结构。

图 5.2.12　余姚转向架更换设备局部图

新型转向架拆装移动设备，采用移动式龙门架车机、活动式作业平台、移动式轨道桥、可跨越检查地沟的平车、紧凑型空间液压升降系统等关键新型技术，解决了转向架更换作业不能长时间占用检查库作业空间、不影响作业平台正常使用、不破坏轨道桥基础等技术难题。

图 5.2.13　余姚转向架更换设备现场图

使用新型转向架拆装移动设备，由于不需要反复转线，且能够与检查库内检修作业同步进行，完成整个转向架更换过程耗时由传统 120 min 降低至 44 min 左右。与常规方式相比，由于不需要建设临修库，工程成本节省约 2 100 万元。

余姚动车运用所在无法设置临修库的条件下，于检查库内设置转向架拆装移动设施，满足更换转向架功能需要。工程占地少、投资省，所采用的新型转向架更换技术计划在广州动车段扩能改造等工程中实施，为我国有富余能力的既有线改造、为市域铁路改造提供了新思路和新的技术支撑点。

（二）移动式洗车技术

动车运用所内通常设置洗车设施，常规做法在动车段、运用所内设置固定式外皮清洗机，如图 5.2.14 所示。由于余姚动车运用所内无条件设置固定式外皮清洗机，选用移动式外皮清洗机，在检查库内进行洗车作业。

图 5.2.14　常规洗车机设备现场图

移动式外皮清洗机结合了最新的技术，是一种快速、高效、经济的外皮清洗机，应用范围广，全自动、操作方便，采用多轴刷子，角度和位置高度可调，适用性强，能够较好地完成余姚动车运用所内的洗车作业。

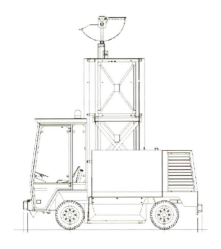

图 5.2.15　库内移动式洗车机现场图

（三）VR 虚拟样机及仿真技术

余姚动车运用所利用既有货场用地，条件受限，货场临近余姚站及萧甬铁路，周边道路、水系、房屋等控制因素较多，对检修工艺又提出了全新的要求，基于本项目特点，采用全新的 BIM 全过程设计手段。

基于 ProjectWise 协同设计平台，定制项目标准空间，建立 BIM 协同管理组织架构，实现信息双向联动。全专业 BIM 信息模型如图 5.2.16 所示。

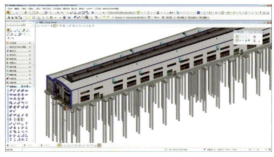
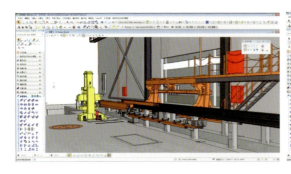

图 5.2.16　全专业 BIM 信息模型

在协同设计平台上，综合无人机+GIS 虚拟仿真、Bentley 定制及自主研发参数化"一键"建模、VR 仿真技术等，完成了动车运用所场景仿真、检查库全专业 BIM 信息化平台搭建及仿真、转向架检修虚拟样机建模及工艺流程仿真等工作，顺利完成了项目设计及产品研发。

基于 VR 技术的设备模型具备物理、逻辑和运动学三个属性。便于用户从各个视角对生产线的布局情况进行整体或局部观察，以静、动态的形式模拟生产线上各设备或工位之间的生产状态，为快速进行虚拟场景中车间设备的柔性布局打下坚实的基础。

当有新设备引入时，通过沉浸式放置，及时拓展原有流水线方案。系统将自动保存规划人员设计的多种流水线情况，并结合虚拟场景特征，组合生成多套规划方案。将各方案占地情况进行横向对比，再与现有库房设计进行综合考量。通过 VR 设备浸入式查看方案细节，合理压缩用地面积，控制建设成本。

通过 VR 浸入式实景体验，验证了设备运行的有效性，同时为检修人员设备操作培训提供了模拟场景，强化工人的检修效率，提高了设备和检查库的利用率。如图 5.2.17 所示。

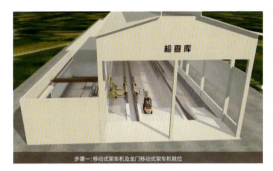

图 5.2.17 动车运用所检查库检修过程 VR 仿真

通过 BIM 数字化成果云交付技术，提供完整的 BIM 信息模型、工程图档、动态 PDF 文件、仿真模拟等资料，方便施工、运营；通过虚拟样机 BIM 模型，直接进行设备加工制造。在紧张的工期时间内，保障了线路的顺利开通。

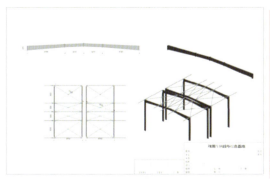
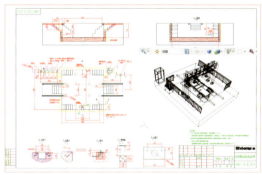

图 5.2.18 数字化成果交付

第三节　上海市域铁路

一、线网建设情况

根据《上海市轨道交通近期建设规划 2017—2025》，立足市域城镇体系和枢纽布局，市域线网络规划形成"九射、十三联"的网络形态，总规模约 1 157 km；在此基础上，考虑到网络规划方案对城市发展的弹性适应能力，远景规划预留了约 22 km 的市域线通道。其中，轨道交通 16 号线、金山支线已建成，沪宁线、沪杭线、沪崇线、沪通线、沪乍线为国铁线路。

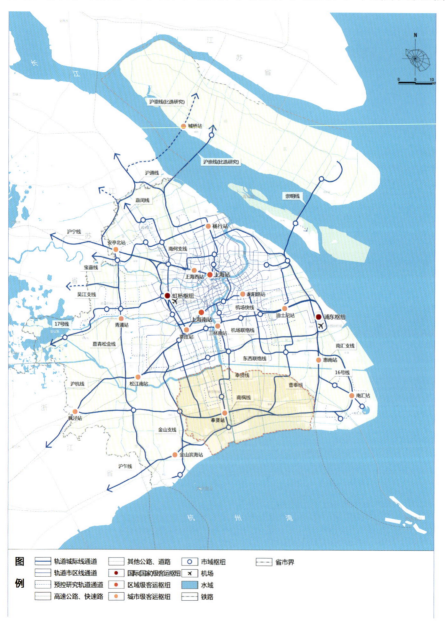

图 5.3.1　上海市域线网规划图

二、基地设置及资源共享

（一）线网车辆基地规划

根据《上海市市域铁路网规划研究》（未批复），按照车辆运用检修设施"检修集中、运用分散"的设计思路，按照"集约运作、节省资源"要求，考虑项目建设时序，近远结合，结合网络车辆检修总规模的需求，提出动车运用及检修设施布局初步方案（见图 5.3.2），在上海 1 157 km 市域线网中规划设置动车段 1 处、动车运用所 4 处、存车场 1 处，其中每个动车运用所管辖线路长度较为平均，为 110～140 km。线网内车辆运用检修设施布点如表 5.3.1 所示。

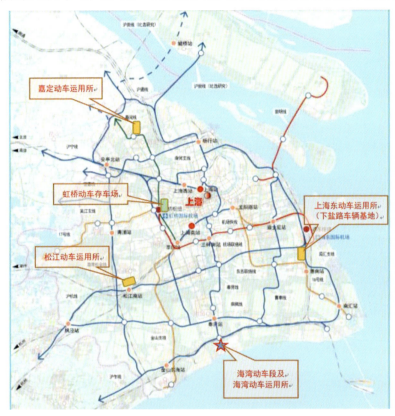

图 5.3.2　上海市域铁路线网运用检修设施分布示意图

表 5.3.1　线网内车辆运用检修设施布点表

基地名称	管辖线路长度/km	配属车辆/列	占地面积/ha	管辖线路
海湾动车段	全网			海湾动车段与动车运用所合建
海湾动车运用所	134	59	62	奉贤线，南枫线，南汇支线，吴江支线
嘉定动车运用所	113	75	54	嘉闵线，宝嘉线（设虹桥存车场作为存车功能补充）
上海东动车运用所	122	45	33	机场线、东西联络线、南汇支线
松江动车运用所	137	69	50	南何支线和嘉青松金线
虹桥动车存车场	—	12	14	虹桥存车场作为嘉定动车运用所和上海动车运用所的存车功能补充

注：根据《市域铁路设计规范》（T/CRS C0101—2017）及机场联络线线相关规划，"上海东动车运用所"名称改为"下盐路车辆基地"，"虹桥动车存车场"名称改为"申昆路停车场"。

（二）车辆基地工程设计

1．功能及选址

机场联络线全线虹桥站至上海东站全长 68.627 km，全线设车站 9 座（见图 5.3.3）：虹桥、七宝、华泾、二林南、张江、度假区、浦东机场、规划航站楼、上海东，其中地下站 6 座，地面站 3 座，平均站间距离为 8.58 km。在上海东站附近设下盐路车辆基地 1 处。

图 5.3.3　机场联络线工程线路走向示意图

下盐路车辆基地由车辆段和综合维修工区组成。车辆段主要负责本线车辆的停放、运用整备、一二级修任务，综合维修工区主要负责本线基础设施的维修和抢修工作及日常巡检、保养、临时补修及抢修作业，并配合大型养路机械作业。

根据《上海市轨道交通机场联络线选线专项规划》，本线下盐路车辆基地及综合维修工区位于祝桥镇红三村、高永村，S32 申嘉湖高速以南、G1501 上海绕城高速以东、X374 拱极路以北的地块内，与沪通 II 期动车所合址共建，位于沪通动车所的东侧。如图 5.3.4、5.3.5 所示。

图 5.3.4　机场联络线下盐路车辆基地选址示意图

车辆段出入段线自机场线车场南咽喉引出，向南先后跨越机场线正线、沪通铁路Ⅱ期动走线、沪通Ⅱ期正线、S32申嘉湖高速、三级航道大沙路港后，接入机场线下盐路车辆基地。

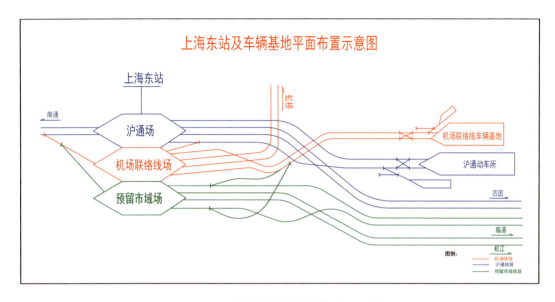

图 5.3.5 下盐路车辆基地接轨关系示意图

2．总平面布置

下盐路车辆基地分为车辆段和综合维修工区两个区域。车辆段总体呈南北纵向布置，北侧为存车场，南侧为检查库及主要生产办公区域。车辆段设4线检查库（1线2列位）及边跨、16条存车线（1线2列位）、临修镟轮线及边跨1座、贯通式洗车线1条。

如图5.3.6所示，综合维修工区位于车辆段北侧，主要生产房屋包括综合楼、轨道车库、材料棚、油料间、配电间、高压实验室等房屋。轨道车库设置在接触网作业车及工务维修车辆停放线末端，由主库及边跨构成。配电间与高压实验室邻近设置。工区内的大型养路机械停放线兼做材料线使用，在其末端设标准货物站台1座、材料棚1处、材料堆放场地1处。

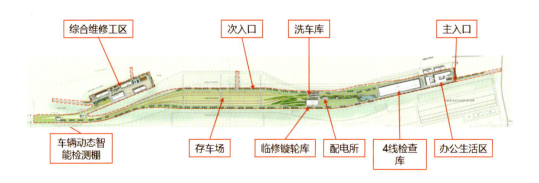

图 5.3.6 下盐路车辆基地总平面布置图

3．车辆基地主要建筑方案

如图 5.3.7、5.3.8 所示，车辆段以存车场、4 线检查库、洗车库、临修镟轮库、污水处理站等厂房为主体组成生产区；以综合楼和宿舍楼为主体组成办公生活区，内设办公楼、食堂、宿舍等，中间形成广场，并设地下停车场；存车场两侧为咽喉区。综合维修工区在北侧布置综合楼、宿舍公寓楼等组成办公生活区，南侧布置作业车库、材料棚等单体组成生产区。下盐路车辆基地共设有 24 个建筑单体，总建筑面积为 64 764.9 m^2。综合楼、4 线检查库建筑效果如图 5.3.9、5.3.10 所示。

图 5.3.7　下盐路车辆基地整体效果图

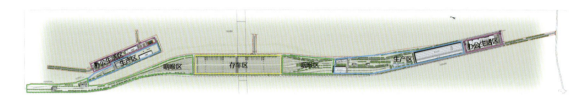

图 5.3.8　下盐路车辆基地功能分区示意图

图 5.3.9　综合楼建筑方案效果图

图 5.3.10 4 线检查库建筑方案效果图

下盐路车辆基地处于上海东沿海位置，基地东北侧是上海浦东国际机场，西北侧为上盖迪士尼度假区，西南侧为上海野生动物园，周边现存资源环境较好，场址位于浦东新区，区域内相关建筑有：上海浦东国际机场、上海师范大学附属第二外国语学校、上海自由贸易试验区办公楼、中国东方航空集团有限公司、中国东方航空集团有限公司等现代元素建筑。因此，车辆段的建筑风格应区域现代化、国际化。从全线的建筑风格协调上考虑，机场联络线联通上海两大机场、三大交通枢纽，其整体建筑造型、装饰风格也应体现上海都市化、国际化的风格。

三、主要技术创新

（一）车辆动态智能综合检测系统

在入段走行线上设置车辆动态智能综合检测系统（见图 5.3.11），车辆从通过诊断装置时自动检查出轮对踏面的裂纹、缺陷、磨耗和不圆度，并通过计算机网络将检测数据传输到检查库，车辆入库后再进行后续检查或检修；检查库内还配置有轮对在线检测设备，可进一步对车轴和车轮踏面进行探伤检查；若发现有缺陷则转入不落轮镟库。

图 5.3.11 车辆动态智能综合检测系统设备组成

受电弓检测装置也安装在车辆入库线路上，采用高速、高分辨率图像分析测量技术和大屏幕显示技术，实现了对车辆受电弓关键特性参数的动态自动检测和车顶异物及关键部件状态的室内可视化观测。

此外，该系统配置全车动态图像监测单元，能同时对车侧车窗进行动态图像监测，提高一二级修检修效率，同时可以减少检修人员配置。

（二）智能洗车机

下盐路车辆基地在段内咽喉设置通过式车辆外皮清洗机（见图 5.3.12）一台。洗车设备前后的线路有效长度应不小于一列车的长度，且设备前后应有一辆车长度的直线段。洗车区域长 60 m，宽 7.2 m，贯通式设计，内布置洗车机，辅助用房内设有电源、控制台、水泵及水处理等设备。车辆外皮清洗机的作用就是清洗车体两侧，保持车辆外观整洁。车辆按照设定的速度自行驶入清洗区域，经过预湿喷药、药液刷抹、侧面清洗、回水清洗、清水漂洗、吹扫烘干等工序。

相比常规洗车机，下盐路车辆基地计划新增以下功能：

（1）车号车型识别系统。

（2）车体表面污染度识别系统。

（3）洗涤剂发泡喷淋系统。

（4）远程控制洗涤剂流量系统。

（5）洗涤剂仿形揉抹系统。

（6）刷组变频控制系统。

（7）水泵变频系统。

（8）多种刷毛组合刷洗。

（9）健康诊断系统，可实现其他数据终端（手机等）实时监控。

（10）数据共享。

（11）远程控制（DCC）。

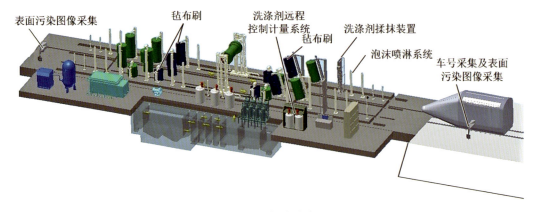

图 5.3.12　智能洗车机

（三）车辆智能巡检机器人系统

在检查库应用车辆智能巡检机器人系统，通过自主移动机器人平台结合图像识别处理技术，对车底关键检修点进行精确成像，智能判断车底关键部件异常状态。采用智能机器人技术、自主导航技术、高清光学成像技术、深度学习算法等前沿技术，解决车底检修人工作业存在的高风险、易疲劳、效率低等问题。

1．系统功能

（1）自动检测车底可视部件存在的变形、异物、缺失等。

（2）具有车底关键部件的多角度故障检测识别。

（3）具有在检查线地沟内自动行走及精准定位功能。

（4）具有自动生成检测报告并快速上传功能。

（5）检测结果存储、查询、统计、对比、打印及互联网管理。

（6）设备自身具有多重安全防护，可保障人机安全。

2．系统组成

车辆智能巡检机器人（见图5.3.13）主要包含自动化设备及应用软件平台部分。通过两部分配合完成车底日常检修，实现车底关键部件的多角度精细化检查、重要尺寸的测量等。通过设备的无线传输模块及时将采集图像反馈应用软件平台进行识别分析。自动化设备包括：检测小车、机器人、定位模块、无线充电接收端、人机安全防护模块、综合处理软件等组成。应用软件平台包括：智能图像识别分析软件、数据存储及服务等组成。

图 5.3.13　智能巡检机器人

3．系统特点

（1）小巧灵活，自主运动，自主驻车：机器人尺寸小，运动灵活；自动定位、自主规划作业路径。

（2）基建改造小，适应性强：针对既有地沟、新建地沟均可快速适应，无须过多基建改造。

（3）股道之间转运效率极高：股道转运无须人工参与，全自动完成，时间仅需 1 min。

（4）检测功能全面：可有效提高系统报警准确率，减少误报。

（四）海绵城市

上海是国家海绵城市试点城市，上海东车辆段景观和排水设计融入海绵城市设计理念。拟采用的海绵城市措施有：

1．景观雨水花园

雨水花园是自然形成的或人工挖掘的浅凹绿地，被用于汇聚并吸收来自屋顶或地面的雨水，通过植物、沙土的综合作用使雨水得到净化，并使之逐渐渗入土壤，涵养地下水，或使之补给景观用水、厕所用水等城市用水。是一种生态可持续的雨洪控制与雨水利用设施。雨水花园的建设可参见《上海市海绵城市建设标准图集》。雨水花园概念图及设计示意图如图 5.3.14 所示。

（a）概念图　　　　　　　　　　（b）设计示意图

图 5.3.14　景观雨水花园概念图及设计示意图

2．透水铺装

透水铺装按照面层材料不同可分为透水砖铺装、透水水泥混凝土铺装和透水沥青混凝土铺装，嵌草砖、园林铺装中的鹅卵石、碎石铺装等也属于渗透铺装。透水铺装结构应符合《透水砖路面技术规程》（CJJ/T188）、《透水沥青路面 技术规程》（CJJ/T190）和《透水水泥混凝土路面技术规程》（CJJ/T135）的规定。透水铺装可以大量收集雨水、吸收地面扬尘，有效补充小区地下水及缓解了城市热导效应。透水铺装实现小区雨天无路面积水，还能对雨水起到净化作用，下渗的雨水通过透水性铺装及下部透水垫层的过滤作用得到净化，使得下渗的雨水得到净化。

本工程拟采用的透水铺砖有植草砖停车场、人行道透水铺装两种形式，如图 5.3.15 所示。

（a）植草砖停车场　　　　　　　（b）人行道透水铺装

图 5.3.15　透水铺装示意图

3．雨水回用

车辆段 4 线检查库及边跨等大型屋面雨水进行收集回收利用。雨水回用处理工艺如图 5.3.16 所示。雨水回用设施示意如图 5.3.17 所示。

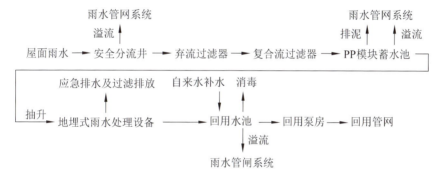

图 5.3.16　雨水回用处理工艺

屋面雨水经处理后回用于浇洒道路、绿化等。详见室外给排水设计中雨水回用章节。

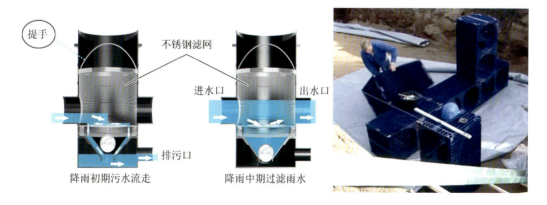

图 5.3.17　雨水回用设施示意图

（五）综合管廊

1. 概述

综合管廊是指设置于地面以下用于容纳两种及以上管线，设有专门的检修口、吊装口和监测系统，实施统一规划、设计、建设和管理的构造物及其附属设施。根据管线功能及用途可分为干线型综合管廊、支线型综合管廊和缆线型综合管廊。

目前，综合管廊的建设已遍布全国 31 个省、自治区和直辖市。截至 2018 年 4 月，综合管廊拟在建里程已超 7 800 km。全国共有 25 个试点城市被选为地下综合管廊试点城市，正在建设的综合管廊，包括中关村西区综合管廊、上海世博园区地下综合管廊、珠海横琴综合管廊、广州大学城综合管廊、无锡高新区综合管廊及郑州 CBD 副中心等。

2. 必要性

车辆基地室外管线包含强电、通信信号、信息，FAS、BAS、消防、给水、污水、雨水等，生产及办公生活区、主干道管线较为密集，管线交叉、冲突问题突出，因此越来越多的车辆基地采用室外综合管廊（管沟）形式。

（1）车辆基地内管线众多，平面设计工作量大，设计过程中极易出现管线的差、错、漏、碰，且不易发现。如图 5.3.18 所示。

➢ 管线设计涉及 20 余个专业及系统。

➢ 综合管线设计旨在统筹、发现并协调管线矛盾。

➢ 每个车辆段管线（沟）工程数量不小于 27 000 延米。

➢ 管线交叉点数达 500 ~ 800 个，碰撞点发生率为 5% ~ 8%。

（2）车辆基地设计使用年限为 100 年，基地管线设计寿命为 15 ~ 20 年，全寿命周期内将进行 4 ~ 6 次管线全面更换，更换和维护任务量大。如采用综合管廊敷设方式，管线使用寿命将大大增加，极大减少管线维护成本及效率。

（a）　　　　　　　　　　　（b）

（c）　　　　　　　　　　　（d）

图 5.3.18　管线施工现场存在的问题

3．下盐路车辆基地管廊初步方案

上海东综合管廊全长约 500 m，主要位于 4 线检查库及边跨、综合楼及食堂宿舍楼附近管线密集区域，如图 5.3.19、5.3.20 所示。综合管廊主要设计原则如下：

（1）需要设置出入口、通风口、投料口、逃生口等。

（2）逃生口、通风口距离不大于 200 m；投料口距离不大于 400 m。

（3）主要集成给水、污水、消防、喷淋、电力、照明、通信、信号等管线。

车辆基地管廊分主干管廊和支管廊两种，为便于满足各类管线的维护、管理空间需求。

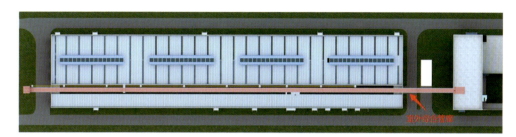

图 5.3.19　下盐路车辆基地管廊初步方案

 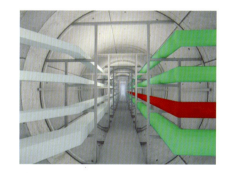

图 5.3.20　上海东车辆段管廊内部布置示意图

第四节　杭州市域铁路

一、线网建设情况

根据《浙江省都市圈城际铁路近期建设规划》，杭州地区 4 条城际铁路（杭州至临安、杭州至富阳、杭州至海宁、杭州至绍兴）呈放射状布局于杭州市城区外围，各线独立运营。如图 5.4.1 所示。

杭州至临安城际、杭州至富阳城际、杭州至绍兴城际、杭州至海宁城际铁路工程互相均无联络线，无法进行资源共享，各自设置车辆基地均考虑大架修条件。其中杭州至海宁城际铁路工程隶属于杭州至海宁城际铁路公司管理，盐官车辆基地定位为大架修车辆基地，承担杭海城际车辆大架修任务。杭州至临安城际及杭州至富阳城际隶属于杭州地铁公司管理，杭临城际上泉车辆基地预留大架修条件，杭富城际宋家塘车辆基地定位为大架修车辆基地，承担杭富线及杭州地铁 6 号线车辆大架修任务。杭州至绍兴城际铁路公司隶属于绍兴地铁公司管理，万绣路车辆基地定位为大架修车辆基地，承担杭绍线、绍兴 1 号线、2 号线、3 号线等大架修任务。

图 5.4.1　杭州城际铁路近期建设规划示意图

二、各线情况介绍

（一）杭州至海宁城际铁路工程

1．工程概况

杭州至海宁城际铁路是浙江省都市圈城际铁路网中的一条放射型线路，它从杭州城市轨道交通线网中已运营的 1 号线临平支线（远期 9 号线）衔接换乘后串联了嘉兴海宁市的临杭经济区（许村镇、长安镇）、周王庙镇、盐官镇、斜桥镇及海宁主城区，如图 5.4.2 所示。线路总长约 46.30 km，设站 12 座，分别为余杭高铁站、许村镇站、海宁高铁站、长安镇站、桑亭路站（预留条件）、周王庙镇站、盐官镇站、铜九公路站、斜桥镇站、皮革城站、海昌路站、浙大国际学院站，平均站间距约 4.16 km，其中地下车站 4 座（余杭高铁站、皮革城站、海昌路站、浙大国际学院站），高架车站 8 座（其中 1 座为预留车站）。设越行站 2 座，分别为周王庙镇站、斜桥镇站。

图 5.4.2 杭州至海宁城际铁路线路走向示意图

2．车辆选型

全线速度目标值为 120 km/h，采用 B 型车 4 辆编组、直流 DC1500 V 受电弓受电。车辆的主要技术参数如下：初、近、远期均为 3 动 1 拖 4 辆编组形式。

$$= Mcp *Mp*Mp* Mcp =$$

式中　Mcp——带司机室半动车；

　　　Mp——带受电弓的动车；

　　　= ——自动车钩；

　　　*——半永久牵引杆。

3．出入线接轨

盐官车辆段出入段线为 2+1 形式，段址西段设 2 条出入段线，段址东段设一条出入段线。西段出入段线从盐官镇站接轨，盐官镇站为高架二层双岛站台站。西段出入段线从盐官镇站东端两正线外通过两个单渡线引出。如图 5.4.3 所示。

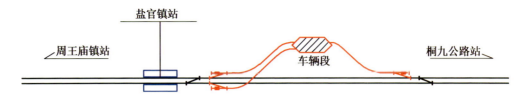

图 5.4.3　杭海城际出入线接轨方案

4．车辆段设置

盐官车辆基地位于盐官镇境内硖许公路以南、郭西路以北、郭盐公路以东、万西线以西。车辆段围墙内功能用地约 23.52 ha，红线用地约 28.11 ha。运用库设置于用地中侧，为三列位贯通式车库。运用库由停车列检库、双周三月检库及辅跨组成。库内近期设停车列检 24 列位，远期预留 15 列位。双周三月检设 4 列位。

检修库横列式布置于运用库北侧，采用尽端布置方式，由大架修、定临修库、静调库、吹扫库、转向架轮轴间、车体库、移车台及辅助检修车间等组成。库内设大架修线、定修线、临修线、静调线、吹扫线。其中大架修列位，定修 2 列位，临修 1 列位，静调吹扫各 1 列位。如图 5.4.4、5.4.5 所示。

图 5.4.4　车辆段总平面图

图 5.4.5　车辆段效果图

（二）杭州至临安城际铁路工程

1．工程概况

杭州至临安城际铁路工程起自临安市九州街锦南新城站，向东主要经由九州街→万马路南延线→万马路→苕溪北路→科技大道→02 省道→东西大道→水乡北路，线路终于绿汀路站。在此与杭州地铁 3 号线平行双岛同站台换乘，与杭州地铁 5 号线垂直换乘，线路总长约 34.9 km，共设车站 12 座，平均站间距约 3.13 km，其中地下站共 5 座。如图 5.4.6 所示。

线路临安市境内长度 20.7 km，（地下线 8.6 km），设站 6 座（地下站 3 座）；余杭区境内长度 14.2 km，（地下线 3.5 km），设站 6 座（地下站 2 座）。

图 5.4.6　杭州至临安城际铁路线路走向示意图

2．车辆选型

全线速度目标值为 120 km/h，采用 B 型车 4 辆编组、直流 DC1500 V 受电弓受电。车辆的主要技术参数如下：初、近、远期均为 3 动 1 拖 4 辆编组形式。

3．出入线接轨

出入段线由起点站锦南新城站引出下穿锦溪后一直沿锦溪走行，路径较为单一，为节省投资及减小对既有九州街道路影响下穿锦溪采用盾构施工，过锦溪后迅速爬出地面以地面线型式下穿杭徽高速桥接入上泉车辆基地。如图 5.4.7 所示。

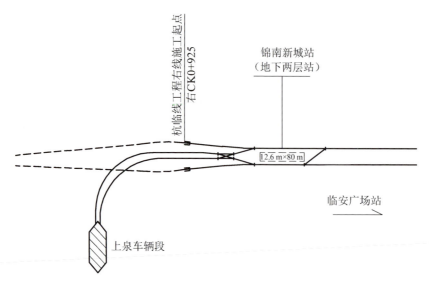

图 5.4.7　出入段线接轨方案示意图

4．车辆段设置

上泉车辆基地选址位于临安市上泉村范围，即杭徽高速公路以南、规划玲珑路以东、锦溪以西地块，车辆段紧靠锦溪，呈南北向布置。总建筑面积约 63 205.4 m²，占地约 24.14 ha（含出入段线红线用地 2.31 ha），围墙内占地面积约 19.22 ha。

运用库设置于车辆基地用地南侧，为两列位尽端式布置。运用库由停车列检库、辅跨组成。运用库分期建设，近期设列检线 11 条，共计 22 列位，远期 8 线 16 列位作为预留工程。

检修库倒装设置于运用库北侧，采用尽端布置方式，由厂架修库、定修库、临修库、双周三月检库、静调库、吹扫库及辅助检修车间等组成。库内设厂架修线 1 条，定修线 1 条，临修线 1 条，双周三月检 4 条，静调、吹扫线各 1 条。如图 5.4.8、图 5.4.9 所示。

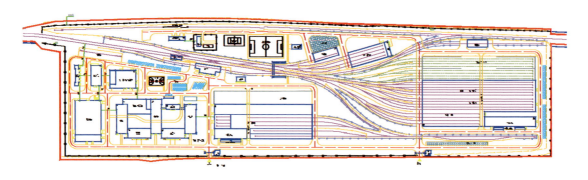

图 5.4.8　车辆段总平面图

图 5.4.9 车辆段效果图

（三）杭州至富阳城际铁路工程

1．工程概况

杭州至富阳城际铁路工程起始于在建杭州地铁 6 号线美院象山站，与其叠岛换乘，线路途经之江度假区、富阳银湖街道、富阳富春街道，线路全长 23.508 km，均为地下线，全线新建 11 座车站，均为地下站，其中美院象山站由 6 号线代建。全线平均站间距 2 296 m，最大站间距 3 617 m，位于中村站至文创园站段，最小站间距 1 439 m，位于汽车北站至高教路站段。如图 5.4.10 所示。

图 5.4.10 杭州至富阳城际铁路线路走向示意图

2．车辆选型

杭州至富阳城际铁路工程，全线速度目标值为 100 km/h，采用 B+（B 型车长度、A 型车宽度）型车 6 辆编组、直流 DC1500 V 受电弓授电。

列车编组：初、近、远期均采用 4 动 2 拖 6 辆编组。

3．出入线接轨

出入线由高桥站东端接轨，高桥站为地下一层双岛车站，站台间设 1 条存车线，正线线间距 26.4 m。车站西端设 2 组单渡线与正线连接，车站东端设 2 组单渡线和 2 组交叉渡线与出入线连接。出入线由车站接轨引出后，以一组 R-1 000 m 的反向曲线将 2 条出入线的线间距缩短至 5 m，同时将出入线与正线的线间距拉开，沿 320 国道的路侧向东延伸，然后以 R-200 m 的曲线增大与正线的夹角并与正线分开，拐向东北侧，最后以 R-200 m 的曲线向西北方接入地面车辆基地。如图 5.4.11 所示。

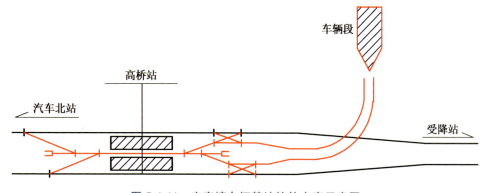

图 5.4.11　宋家塘车辆基地接轨方案示意图

4．车辆段设置

宋家塘车辆基地位于杭州至富阳城际铁路的线路中部，高桥站的东北侧，位于 320 国道及北渠以北、规划九龙二环路以南的地块内，属富阳区银湖街道范围。车辆段整体进行上盖开发，检修库、运用库、咽喉区全部进行上盖。

运用库设置于车辆基地用地北侧，为两列位尽端式布置。运用库由停车列检库、双周三月检库、运转综合楼组成。停车列检库设停车列检 48 列位，一次建成。

双周三月检库设置 6 线 6 列位双周三月检，近期一次建成。运用库辅跨集中设置运用、检修班组用房。

检修库位于运用库南侧，采用尽端布置方式，由大架修库、定临修库、静调库、吹扫库及辅助检修车间等组成，库内设大架修 3 列位（大架修 2 列位+车体 3 列位），定修线 2 条，临修线 1 条，静调线、吹扫线各 1 条。同时设有转向架轮轴间、移车台、车体间、门窗间、空调间等辅助车间。

总建筑面积约 29.50 万 m²，上盖盖板面积 23.12 万 m²，车辆基地占地约 42.1 ha（另出入段线红线用地 3.17 ha）。如图 5.4.12、图 5.4.13 所示。

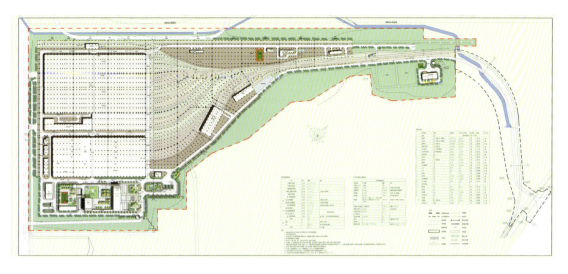

图 5.4.12　车辆段总平面布置图

图 5.4.13　车辆段效果图

（四）杭州至绍兴城际铁路工程

1．工程概况

线路起自杭州地铁 5 号线香樟路站，以地下线形式沿 G104 国道向东至张夏路，下穿萧甬铁路和西小江后进入杨汛桥镇，以隧道方式穿越牛头山，之后以高架形式沿杭甬客专南侧向东行进，过镇东路后一直沿群贤路向东，在小佐路前转入地下，至笛扬路设终点站笛扬路站。

线路全长 20.3 km（含香樟路站 380.8 m，杭绍线实际施工线路长 19.93 km），设站 10 座（含柯桥西站），平均站间距 2.26 km，最大站间距 3.9 km（杨钱区间），最小站间距 1.1 km（柯笛区间），地下线长度 10.1 km，所占比例 49.5%，高架线长度 7.17 km。

2．车辆选型

全线速度目标值为 100 km/h，采用 B 型车 6 辆编组、直流 DC1500 V 受电弓受电。

列车编组：初、近、远期均采用 4 动 2 拖 6 辆编组。

3．车辆段设置

万绣路车辆基地用地属于绍兴市柯桥区钱清镇清风村范围，位于杭州至绍兴城际铁路的线路中部，紧邻西沙路站，位于群贤西路以北、万绣路以东、杭甬客专以南的清风村区域。车辆段段址长约 1.2 km，宽约 0.45 km，大致呈东西向布置。车辆段内功能用地约 33.7 公顷。总平面布置采用运用库与检修库呈纵向反列式布置于钱清镇清风村区域内。

万绣路车辆段主要设置有以下建筑单体：运用库、检修库、洗车库、工程车库（含洗车库和镟轮库）、综合楼、培训中心、综合维修中心、物资总库、污水处理站及牵引降压变电所、门卫等。

结合线路及场址条件、段内作业与管理等因素，车辆段总平面布置（见图 5.4.14）如下：

运用库与检修库呈纵向反列式布置，咽喉区直接连接运用库、洗车库、工程车库、材料线、平板车存放线等，检修库与运用库倒装相连，检修库从南向北依次设置定、吹扫库、静调库、定临修库，北侧为大架修库。试车线在检修库、运用库北侧，部分线路与线束平行布置，有效长度为 1 690 m。

图 5.4.14　车辆段总平面布置图

三、主要技术创新应用

（1）杭州都市圈城际铁路车辆段库内均采用综合管线集成系统；根据杭州地区特色，车辆段运用库及检修库中均采用综合管线集成系统，将通信、给水、电力、消防等管线集中设置，增加库内美观及整洁程度。

图 5.4.15　杭临城际上泉车辆段综合管线集成系统

（2）杭海城际盐官车辆段采用全专业 BIM 设计，首次引入车辆基地光伏发电，结合围墙及空地布置，将新能源引入车辆基地建设中；柱式检查坑小立柱采用装配式施工，提高施工质量及美观。

图 5.4.16　杭海城际盐官车辆段航拍图

（3）杭临城际上泉车辆段，岩溶强发育，为我院设计地质最复杂的车辆段；国内首创多种组合形式的试车线，试车线采用路基段、高架段、U型槽段、矩形隧道段、马蹄形隧道段等多种组合形式，有效地增加了车辆段用地受限条件下的总图布局灵活性。

图 5.4.17　杭临城际上泉车辆段航拍图

（4）杭富城际宋家塘车辆段为我院设计土石方开挖回填量最大车辆段。杭富城际宋家塘车辆段选址位置阴冻山区域，车辆段工程挖方320万方，填方200万方，土石方总量约520万方，同时设计有六级高边坡，边坡总高度53米，车辆段布置有效适用地形条件，为山区车辆段设计提供参考。

图 5.4.18　杭富城际宋家塘车辆段高边坡工程

第五节　台州市域铁路

一、线网建设情况

根据线网规划，台州市域铁路由 S1、S2、S3 两条线路组成，线路全长约 273 km。如图 5.5.1 所示。

图 5.5.1　台州市域铁路线网规划修编方案示意图

S1 线：市域南北向联系主轴线，覆盖临海东部新城、椒江、路桥、温岭城区、玉环等组团，沟通台州中心站、温岭站、台州汽车南站、玉环汽车站等重要交通节点。主要沿 S327、与杭绍台并通道过江、上金线、开发大道、中心大道、温岭城西大道、中华路、S76 复线、玉环漩港路、榴岛大道等道路走廊布局。规划线路全长 130 km，设站 30 座，平均站间距 4.49 km。

S2 线：台州中心城区东西向、市域滨海南北轴线重要走廊，串联中心城区黄岩、椒江、滨海三个组团，以及温岭东部新城，联系台州中心站、台州站（间接）、规划机场等重要交通节点。主要经由世纪大道、黄椒路、市府大道、聚洋大道以及滨海规划道路等道路走廊，线路全长 97 km，设站 24 座，平均站间距 4.2 km。

S3 线：中心城区联系北部副中心主要通道，放射沟通临海城区，联系临海站、临海南站、临海客运总站等交通节点。主要经由临海铁路大道、柏叶路、崇和路、广场路、大桥路、沿金台铁路通道等走廊，线路全长 46 km，设站 13 座，平均站间距 3.8 km。

二、基地设置及资源共享

（一）线网车辆基地规划

根据 S1、S2、S3 车辆运用检修的需要，一期（台州中心站—城南）设城南车辆段、中心停车场；二期（城南—坎门、台州中心站—头门港北、头陀—无人机小镇、临海—江口）设玉环停车场、头门港北车辆段、新前停车场、滨海集聚区车辆检修基地（含车辆段功能）、临海车辆段。三期无人机小镇至石塘暂在松门设停车场一处。

根据"检修集中，运用分散"（检修为市域车辆的三四五级修作业、运用为一二级修、洗车、存车、整备作业）的思路，线网在滨海设车辆检修基地（与车辆段合建），承担台州市域铁路高级修任务。车辆到达维修间隔期限后，回送滨海车辆检修基地进行检修。

车辆检修基地的设置宜结合市域线网和车型情况按多线共用设置。台州市域网规划的 3 条线均拟采用市域动车组，AC25 kV 架空接触网供电，初、近、远期均拟采用 6 辆编组，结合目前台州市域网规划情况以及线网中设置联络线的条件，台州市域铁路线网车辆检修基地的设置方案如表 5.5.1 所示。

表 5.5.1 台州市域铁路车辆运用检修设施布局

线　路	基地名称	负责线路及功能
台州 S1 线	城南车辆段（一期）	S1 线部分配属列车的一二级修及整备任务
	中心停车场（一期）	S1 线部分配属列车停放任务
	头门港车辆段（二期）	S1 线部分配属列车的一二级修及整备任务
	玉环停车场（二期）	S1 部分配属列车的停放任务
台州 S2 线	北洋停车场（一期）	S2 部分配属列车的停放任务
	滨海车辆段（一期）	S2 部分配属列车的一、二级修及整备任务
	松门停车场（二期）	S2 部分配属列车的停放任务
台州 S3 线	临海车辆段（二期）	S3 部分配属列车的一、二级修及整备任务
线网	滨海检修基地（预留）	线网全部配属列车的高级修作业任务

如图 5.5.2 所示，S1 与 S2 线在台州中心站设置联络线，S2 线与 S3 线之间通过车辆站接轨，可实现 S1 线、S2 线、S3 线之间的互联互通，车辆可在任意位置到达滨海车辆基地进行高级修作业以及应急救援等任务。

台州市域铁路线网规划修编分期建设建议示意图

图 5.5.2　台州市域铁路车辆运用检修设施布局

（二）车辆基地工程设计

1. 功能及选址

如图 5.5.3 所示，S1 线一期工程全长 52.396 km，其中地下线长度 17.833 km，山岭隧道 3 座长度 4.985 km，高架线长度 29.221 km，路基长度 0.357 km，桥隧比为 99.32%。全线设站 15 座，其中地下站 7 座，高架站 8 座，台州中心站为市域 S1、S2 线及杭绍台铁路的换乘站，一期工程在台州中心站附近设控制中心、中心停车场，温岭城南镇设城南车辆段。

（1）城南车辆段。

如图 5.5.4 所示，城南车辆段初步选址设在 226 省道东侧、鸣鹤路对面安置小区的南侧、沿海高速公路西侧地块，紧靠 226 省道东侧的河道，在城南站南端咽喉正线间接轨。

出入线平面从车站两正线间按 12 号道岔引出后，继续沿 75 省道东侧、河道西侧夹心地高架向南敷设，然后以 R-400 m 的"S"反向曲线折向东南并下穿正线后落地，然后与车辆段衔接，车辆段内线路均为直线平行布置。

如图 5.5.5 所示，纵断面上，出入线在站后考虑折返线设置要求，先设 350 m 的坡长、0 坡（竖曲线半径 5 000 m）进行折返，然后以 350 m 的坡长、25.3‰ 的下坡（竖曲线半径 3 000 m）上跨河道、下穿正线后变为平坡，车辆段内均为平坡。

图 5.5.3　台州市域铁路 S1 线一期工程线路概况

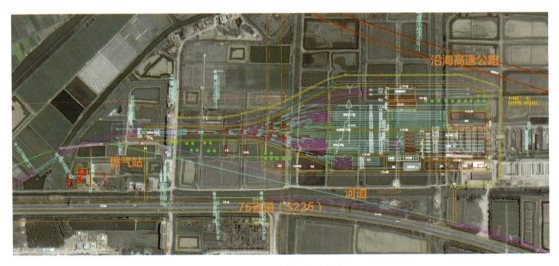

图 5.5.4　城南车辆段选址概况

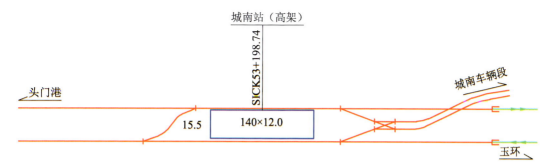

图 5.5.5 城南车辆段接轨关系示意图

（2）中心停车场。

如图 5.5.6 所示，中心停车场初步选址在椒江区葭芷街道高坎村东侧、82 省道南侧地块儿，中心停车场设出入线 2 条，在台州中心站北侧区间正线两侧接轨，出入线右线出停车场后上跨正线然后与正线右线接轨。

出入线初期利用正线兼作出入线，出站后向北以地下敷设方式，出地后以 *R*-400 m 的曲线与停车场相接，停车场内线路均为直线平行布置。

图 5.5.6 中心停车场选址概况

如图 5.5.7 所示，纵断面上，出入线先后以 410 m 的坡长、2‰ 的上坡（竖曲线半径 10 000 m）和 1 010 m 的坡长、23‰ 的上坡（竖曲线半径 3 000 m）向北，并分别以地下盾构隧道和山岭隧道的方式至停车场前转为路基，停车场内线路均为平坡。

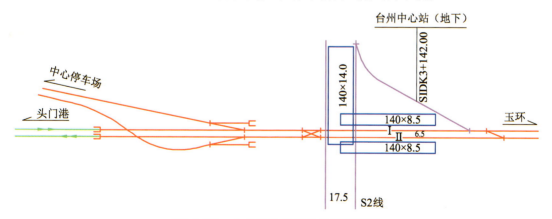

图 5.5.7 中心停车场接轨关系示意图

2．总平面布置

（1）城南车辆段。

城南车辆段设于城南站东侧，设轮对受电弓动态检测装置一处，一二级修库 6 列位、停车线 24 列位，临修镟轮线各 1 线，洗车线 1 线，并设综合维修基地一处（含物资总库、工程车库、材料棚）。预留停车线 8 列位，洗车线 1 条。城南车辆段受场地条件的限制，无法满足试车线长度要求，初期新车到段后利用正线试车。城南车辆段平面布置及效果图如图5.5.8～5.5.12 所示。

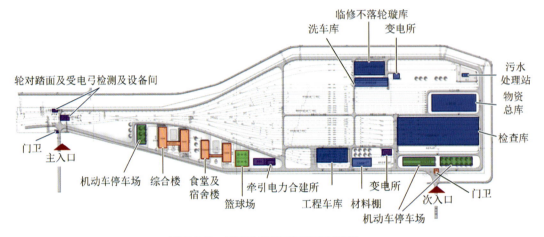

图 5.5.8　城南车辆段总平面布置图

图 5.5.9　城南车辆段整体效果图

图 5.5.10　城南车辆段综合楼效果图

图 5.5.11　城南车辆段食堂宿舍楼效果图

图 5.5.12　城南车辆段检查库效果图

中心停车场设 8 条存车线，其平面布置及效果如图 5.5.13 ~ 5.5.16 所示。

图 5.5.13 中心停车场总平面布置图

图 5.5.14 中心停车场整体效果图

图 5.5.15 中心停车场综合楼效果图

图 5.5.16　中心停车场宿舍楼效果图

三、主要技术创新应用

（1）国铁动车所采用一至五级修的修程修制，其总平面布置采用检查库和存车场的设计，存车场采用露天设计。地铁车辆段采用双周三月检的修程修制，其总平面布置采用停车列检的设计，且均在库（棚）内进行。台州 S1 线城南车辆段采用一至五级修模式，且市域 D 型车的改造平台为 CRH6 型动车组，经过多方论证，采用存车场露天设置，同时为了满足夜间司机简单作业需求，存车场设置灯桥。该种布置方式，既能满足市域动车组的存放以及简单的作业需求，又能降低工程造价。

（2）采用市域铁路综合管线系统，全装配式设计施工。

城市轨道交通车辆基地库内综合管线多采用电缆沟敷设，由于库内检修作业易引起沟盖板损坏，且沟内易渗水，滋生蚊虫和细菌，对库内生产环境带来不利影响。

城南车辆段采用先进的库内综合管线集成吊挂系统，如图 5.5.17 所示，全装配式设计施工，降低工程造价，轻质美观易检修。充分利用空间，可使各专业的管束得以良好的协调，达到空间和资源共享，提高有限空间利用率，从而可以确保设备区走廊的高程，解决了高程和检修通道预留困扰的难题。安装速度快，施工工期短，安装速度是传统做法的 6~8 倍。施工无须电焊和明火，无须传统吊架防腐（刷漆或镀锌）的工艺处理，环保性能佳。既有利于工程实际应用，又便于理论研究，具有广泛的推广应用价值。

（3）高度信息化、集约化设计，实现车辆基地内调度集中，大大提高运用检修效率。

城南车辆段是高新技术集成体，技术含量高，高度的专业化、程序化、集约化，快速、准确、完成各种业务信息的采集、处理和传递，实现生产流程高效运转，充分发挥维修资源能力，保障市域动车组的高效检修、安全运营。

图 5.5.17　市域综合管线系统

　　城南车辆段集中设置了车辆调度控制中心 DCC，集成了车辆运用检修调度、派班、电力调度、股道安全联锁及门禁系统、CCTV 监控、信号联锁监控、BAS 监控等功能的集成设置及信息整合，提高人员利用率，减少定员，提高车辆基地运转效率和安全性。桐岭车辆段内信息系统主要包含：运用检修管理系统、CCTV 系统、信号联锁系统、电力调度系统、电子派班系统等。是"高度集约化、现代化、高效化、信息化"的体现，是贯彻高标准、高质量、高效率、现代化的设计理念，坚持系统集成、系统优化的体现。

第六节　金义东市域轨道交通工程

一、线网建设情况

　　金华市行政管辖区包括婺城区、金东区、义乌市、东阳市、永康市、兰溪市、浦江县、武义县、磐安县等 9 个县市区，土地总面积约 1.09 万平方千米。根据《浙中城市群规划（2008—2020 年）》，2020 年金华市域范围内常住人口 781.4 万人，城市化水平为 71%～76% 左右，城镇人口为 550 万～590 万人。至规划期末，以促进城市群分工协作，提升整体竞争力为目标，构建"一主二副五级"的城镇体系结构。"一主"即金华、义乌城市群主中心，"两副"即永康、东阳两个城市群副中心城市，"五级"包括上述主中心、副中心，县市域中心以及重点镇、一般镇的五级城镇。

　　金华市域轨道交通线网结构可以概括为"一条主线，两个核心，五条支线"，金义线为主线，贯穿金华、义乌和金义都市新区核心地带，是浙中城市群轨道交通系统的主线。轨道交通分别以金华和义乌中心城区为核心向各县市放射，形成五条支线，分别是东义浦线、金永武线、金兰线、永东线和金西线，实现浙中城市群各发展轴线上主要县市都有轨道交通线路覆盖。如图 5.6.1 所示。

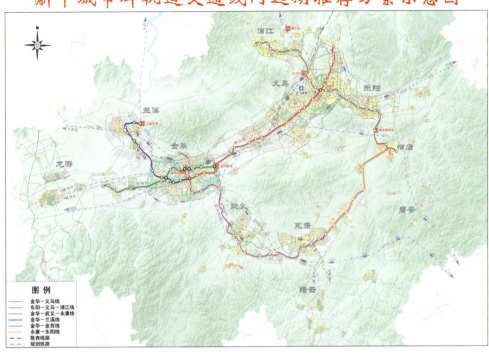

浙中城市群轨道交通线网远期推荐方案示意图

图 5.6.1　金华市域轨道交通线网方案

一条主线和五条支线总长度 335.5 km，车站总数为 99 座，其中换乘车站 7 座，线网密度 0.31 km/km²。在金华站、金华南站、义乌站、横店高铁站、兰西东高铁站与既有及规划铁路实现换乘衔接。金华市域轨道交通线网规划方案如表 5.6.1 所示。

表 5.6.1　金华市域轨道交通线网规划方案

	线路名	线路长度/km	车站/座	平均站间距/km	联系方向
主线	金义线	72.8	22	3.47	金华—金义都市新区—义乌
支线	东义浦线	82.1	22	3.91	浦江—义乌—东阳—横店
	金永武线	79.1	21	3.96	金华—武义—永康
	金兰线	36.4	13	3.03	兰溪—金华
	永东线	24.3	9	3.04	永康—横店－东阳
	金西线	40.77	12	3.71	主城区—金西开发区
小计		335.5	99		

二、基地设置与资源共享

（一）线网车辆基地规划

根据客流预测，规划年度轨道交通金义线在金义走廊上截面客流量约占该截面公交客流量的 37% 和全方式客流量的 16%，为主要客运通道。客流预测指标如表 5.6.2 所示。

表 5.6.2　客流预测指标

线路名		线路长度 /km	客运量 /（万人次/日）	高峰小时单向最大断面流量 /（万人/h）
主线	金义线	72.8	42.95	1.11
支线	金兰线	36.4	15.29	0.49
	金永武线	79.1	37.97	0.85
	东义浦线	82.1	42.69	1.12
	永东线	24.3	8.99	0.43
	金西线	40.8	18.77	0.62
合　计		335.5	166.66	

按国内轨道交通建设经验，根据各线长度和线网预测客流量，5 条轨道交通按 B 型车 6 辆编组考虑。同时考虑大小交路套跑的运营方案，各线路配车数估算总量为 1 410 辆，如表 5.6.3 所示。

表 5.6.3　规划各线路配车数量

线路名		线路长度 /km	配属车辆数/列	车辆总数/辆
主线	金义线	72.8	67	402
支线	东义浦线	82.1	52	312
	金永武线	79.1	50	300
	金兰线	36.4	24	144
	永东线	24.3	18	108
	金西线	40.8	24	144
合　计		335.5	235	1 410

为满足合理运营需要，减少列车不必要的空驶里程，节约运营费用，提高运营效率，全网设置车辆基地 1 处、车辆段 3 处、停车场 6 处，承担全网车辆的停放、日常维护及定修任务，如表 5.6.4 所示。线网车辆基地规划图如图 5.6.2 所示。

表 5.6.4　车辆基地规划一览表

序号	线　路	名　称	功　能
1	金义线	塘雅车辆基地	全网综合维修基地，兼顾金义线车辆段
2		官塘停车场	金义线停车场
3		苏溪停车场	金义线停车场
4	东义浦线	槐堂停车场	东义浦线停车场
5		义乌停车场	金义线停车场
6		浦江停车场	东义浦线停车场
7	金永武线	武义车辆段	金永武线车辆段
8		罗店停车场	金永武线停车场
9	金兰线	兰溪车辆段	金兰线车辆段
10	永东线	永康车辆段	金永武线车辆段，兼顾金永武线停车
11	金西线	金西车辆段	金西线车辆段

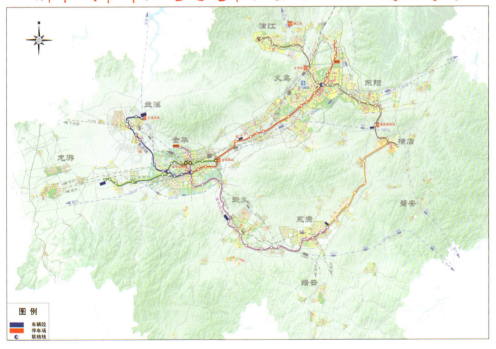

图 5.6.2　线网车辆基地规划图

按照车辆运用检修设施"检修集中、运用分散"的设计思路,依据"集约运作、节省资源"要求,考虑项目建设时序,近远结合,金华地区市域铁路线网的车辆大、架修考虑统一设置在塘雅车辆检修基地,充分利用该基地的检修能力辐射周边,解决金华地区全线网配属车辆的大、架修检修任务。

(二)车辆基地工程设计

1.功能及选址

如图 5.6.3 所示,金义东市域轨道交通工程由金华—义乌段和义乌—东阳(横店)段两条线路组成,两条线路在义乌秦塘站呈双岛四线同站台换乘,同时具备金华—义乌—东阳方向贯通运营条件,线路全长 107.17 km,共设 31 个站,其中地下站 13 个、高架站 18 个,平均站间距 3.57 km。

图 5.6.3　金义东市域轨道交通线路走向示意图

金义东市域轨道交通工程是浙中城市群轨道交通网的第一条轨道交通线路,是浙江省都市圈城际铁路首批 11 个项目中体量最大、线路最长、车站最多、投资最大、运营组织最复杂的项目,是都市圈轨道交通网的核心骨干线路,串联了金华中心城区、金义都市新区、义乌中心城区所组成的金义带状组团核心区域,同时兼顾了义乌至东阳次城市群发展带,是打造浙中城市群三个廊道中综合交通廊道的核心内容。

金义东市域轨道交通工程共设一段三场,在塘雅站附近设塘雅车辆基地,在官塘站附近设官塘停车场,横店高铁站附近设槐堂停车场,在义乌高铁站附近设义乌停车场。如图 5.6.4 所示。

1)塘雅车辆段

塘雅车辆段选址位于金东区塘雅镇古孝线、上横畈水库、施塘头村与新店村之间的夹心地块,可用地面积约为 48 ha,地块内地势起伏较大,原地面标高为 55～68 m,高差约 13 m,地块内现状以农田、果园为主,如图 5.6.5 所示。

如图 5.6.6 所示,塘雅车辆段设"八"字双出入段线,西侧塘雅站为岛式高架车站,出入段线由车站东端接轨，位于两正线间与正线并行后以"S"反弯拐向东北方向，下穿正线左线接入地面车辆段。东侧出入线从段内单线引出，从正线区间接轨，正线间设置渡线保证双向进路连通。

图 5.6.4　金义东市域轨道交通高架车站效果图

图 5.6.5　塘雅车辆段选址情况

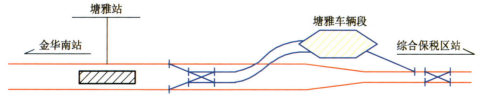

图 5.6.6　塘雅车辆段站段关系示意图

2）官塘集车场

官塘停车场选址位于稠义路、国贸大道、疏港快速路、柯村之间的夹心地块，可用地面积约为 10 ha，地块内地面标高为 66～76 m，高差约 10 m，现状以农田、水塘为主，如图 5.6.7 所示。

图 5.6.7　官塘停车场选址情况

官塘停车场出入场线由官塘站西端接轨，位于两正线间与正线并行后以两个 "S" 反弯拐向西北方向，上跨中环线后与正线并行向西，以两个 "S" 反弯下穿国贸大道高架桥后接入停车场，如图 5.6.8 所示。

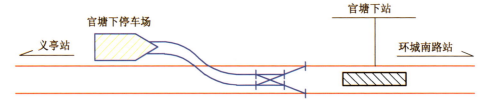

图 5.6.8　官塘停车场站段关系示意图

3）槐堂停车场

槐堂停车场选址位于 S217 与 S39 省道之间的山地内，可用地面积约为 15 ha，地块内地面标高为 113～154 m，高差约 41 m，附近有一处山塘、灌溉渠及部分农田，如图 5.6.9 所示。

图 5.6.9　槐堂停车场选址情况

槐堂停车场出入场线从东阳横店高铁站南侧接轨，该站设置为地下两层岛式站台车站，出入段线与正线并行后，以曲线转向西侧并上跨正线，延伸后以曲线接入停车场，如图 5.6.10 所示。

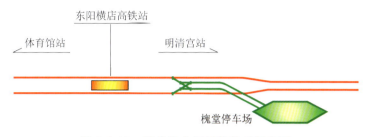

图 5.6.10　槐堂停车场站段关系示意图

4）义乌停车场

义乌停车场选址位于北站大道及雅楼村北侧的山地内，可用地面积约为 14 ha，地块内地面标高为 58～101 m，高差约 43 m，附近有一处溪流及部分水塘和农田，如图 5.6.11 所示。

图 5.6.11　义乌停车场选址情况

义乌停车场出入场线从义乌火车站东侧接轨，车站为地下两层岛式站台车站，出入场线从两正线间引出，与正线并行后，以曲线转向并上跨既有道路，直行后以曲线转向进入停车场，如图 5.6.12 所示。

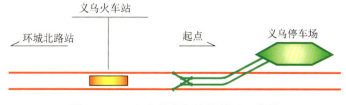

图 5.6.12　义乌停车场站段关系示意图

2．总平面布置

1）塘雅车辆段

塘雅车辆段用地紧临正线布置，检修库、运用库、洗车镟轮库并列布置，运用库由停车列检库、双周/三月检库及辅跨组成，停车列检库采用1线3列位贯通式布置，洗车镟轮库布置于运用库南侧，采用贯通式布置，检修库布置于运用库北侧，检修库由大架修库、定临修库、静调库、吹扫库、车体检修库、转向架轮对轴承间及辅助车间等组成。车辆段最北侧设置试车线，长2 400 m，满足车辆120 km/h试车要求。车辆段另设综合楼、物资总库、调机工程车库、牵引降压混合变电所、杂品库、污水处理站、动调试验间等生产生活用房，如图5.6.13所示。

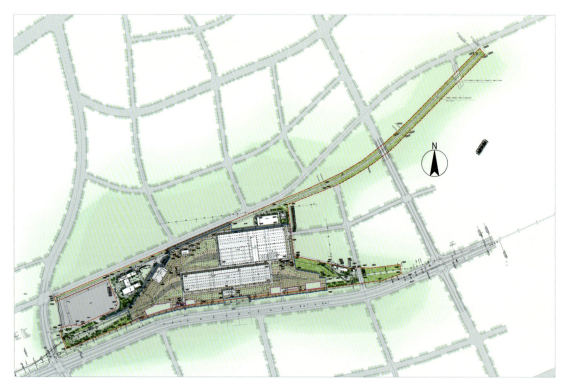

图 5.6.13　塘雅车辆段总平面布置图

2）官塘停车场

官塘停车场用地紧临规划国贸大道和杨梅院枢纽互通布置，运用库靠近用地范围线南侧布置，运用库由停车列检库、双周/三月检库及辅跨组成，停车列检库采用1线2列位尽端式布置，工程车库及材料棚并列布置于运用库北侧，洗车库布置于入场线北侧，采用"八"字往复式布置，另设综合楼、污水处理站、变电所等生产生活用房，如图5.6.14所示。

3）槐堂停车场

槐堂停车场运用库由停车列检库、双周/三月检库及临修库、辅跨组成，停车列检库采用1线2列位尽端式布置，工程车库及材料棚、镟轮库并列布置于咽喉区东侧，洗车库布置于入场线北侧，采用"八"字往复式布置，另设综合楼、污水处理站、变电所等生产生活用房，如图5.6.15所示。

图 5.6.14　官塘停车场总平面布置图

图 5.6.15　槐堂停车场总平面布置图

4）义乌停车场

义乌停车场运用库由停车列检库、双周/三月检库及辅跨组成，停车列检库采用 1 线 2 列位尽端式布置，工程车库及材料棚布置于咽喉区，洗车库布置于入场线南侧，采用"八"字往复式布置，另设综合楼、污水处理站、变电所等生产生活用房，如图 5.6.16 所示。

图 5.6.16　义乌停车场总平面布置图

三、主要技术创新

(一)因地制宜上盖物业开发

通过合理规划设计手段整合车辆基地与周边地块,对其进行综合物业开发,充分发挥城市轨道交通骨干交通的作用,扩大客流吸引范围,带动轨道交通沿线的经济快速发展,能够较大缓解建设资金困难,对轨道交通建设的健康发展具有非常重要的意义,金义东市域轨道交通工程的四个段场均考虑上盖物业开发。

1. 塘雅车辆段

塘雅车辆段所在的金义都市新区,在地形上处于南北两条山脊夹成的山谷地带,中间有东阳江穿过。车辆段上盖采用山水城市的理念,通过建筑布局模仿山脊与河流的空间意象,将城市空间隐喻为山川河流,如图 5.6.17 所示。

图 5.6.17　塘雅车辆段上盖开发设计理念

塘雅车辆段上盖沿东西向的主要人流设置商业街,通过蜿蜒的、下沉式的公共空间形成山谷意象,沿公共空间南北两侧布置的高低错落的高层建筑形成"山脊",产生变化丰富的天际线,如图 5.6.18 所示。

图 5.6.18　塘雅车辆段上盖鸟瞰效果图

2．官塘停车场

官塘停车场通过实施 TOD 化发展，结合地铁地下空间、地面配套、上盖物业，打造一个充满活力的多元化复合型生活区，通过辐射周边带动区域发展，为义乌增添一张新名片，如图 5.6.19 所示。

图 5.6.19　官塘停车场上盖开发设计理念

官塘停车场上盖开发重构并引领区域空间发展，形成集商业、教育、居住、公园为一体的新型居住社区，打造高品质的人居环境及绿色活力之城，如图 5.6.20 所示。

图 5.6.20　官塘停车场上盖鸟瞰效果图

3．槐堂停车场

槐堂停车场位于东阳市横店镇，紧邻东阳横店高铁站 1 km 的距离，东阳欲抓住高铁时代带来的发展机遇，打造重点版块，实现以城带乡、以高铁站区域为中心打造高铁新城，打造成城区横店一体化的核心，如图 5.6.21 所示。

槐堂停车场上盖将区域至高点设置在东南角路口交接处，有利于统领周边的建筑高度，打造区域中心，向城市及市域乘客展现良好的形象，丰富的城市天际线，打造全新的视觉效果，沿城市干道布置个性化高层地标性建筑，打造优美的城市天际轮廓线，凸显品牌形象，如图 5.6.22 所示。

图 5.6.21　槐堂停车场上盖开发设计理念

图 5.6.22　槐堂停车场上盖鸟瞰效果图

4．义乌停车场

义乌停车场上盖考虑义乌的文脉环境等因素，打造区域的人居文化中心，形成义乌富有特色的创新停车场，成为金义东经济走廊上的一颗明珠，如图 5.6.23 所示。

义乌停车场上盖盖板作为结构形式下的特征性外观呈现，是不可避免的城市视觉内容组成部分，若不进行相应设计措施的处理，势必会影响甚至破坏现有的城市景观。义乌停车场主要通过垂直绿化作为盖板边界的装饰元素，对整个盖板边界进行了消隐处理，使得整个盖板平台上下一体融合的同时，延续了现有的城市景观，如图 5.6.24 所示。

图 5.6.23　义乌停车场上盖开发设计理念

图 5.6.24 义乌停车场上盖鸟瞰效果图

（二）智能化运维技术

依托金义东市域轨道交通工程，金华市与中车集团积极开展轨道交通装备产业合作，中车集团与浙江本地企业联合，探索利用塘雅车辆段检修资源开展车辆维保检修，并以轨道交通特色产业为龙头，规划建设轨道交通产业相关的研发制造区、物流配送、生活配套区及特色旅游区，建成生产、生活与生态融合的特色中车小镇。

依托塘雅车辆段，以轨道车辆日常维保和大架修为主，开展轨道车辆关键系统零部件深度检修，兼顾机电设备等其他系统的维保以及轨道车辆备品备件的仓储，实现智能化运维。

塘雅车辆段检修库由大架修库、定临修库、静调库、吹扫库、车体检修库、转向架检修间及部件检修间等组成，如图 5.6.25 所示。各部件检修间综合考虑运输路径、检修流程等进行布置，保证检修工艺流畅，如图 5.6.26 所示。

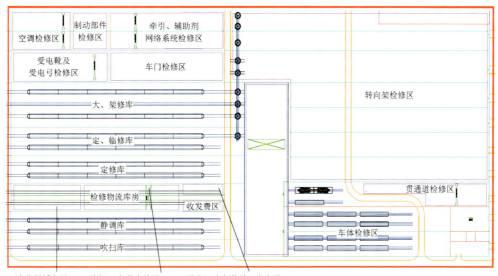

图 5.6.25 检修库方案布局示意图

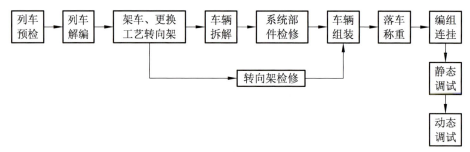

图 5.6.26　车辆检修流程

1. 转向架

转向架是车辆的关键设施，其检修具有技术新、难度大、工艺流程繁多、集成复杂的技术特点。转向架检修包含的检修流程数多达上十条之多，各零部件的检修流程与转向架总体工艺流程的结合方式繁多，合理地组合各条检修流程，布置每条检修流程内工艺设备的布置方案，直接影响整个转向架检修库设计的规模能力和投资。

转向架检修线主要包括转向架分解及组装线、构架检修流水线、轮轴检修流水线等，转向架分解前进行清洗，分解后各部件运输至相应工位检修，最后进行组装及试验，如图 5.6.27 所示。

转向架检修线主要包括清洗机、升降平台、静载试验台等设备，如图 5.6.28 所示。

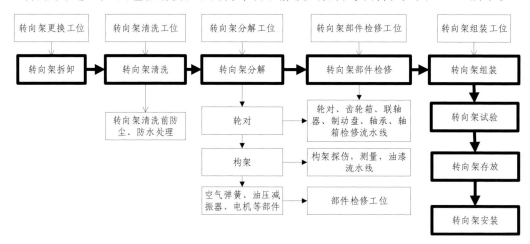

图 5.6.27　转向架检修流程

图 5.6.28　转向架检修设备

2．轮对

轮对检修流水线主要涉及轮对的进一步分解、清洗、检查和探伤，检修的深度按照检修级别的不同而有所区别，流程如图 5.6.29 所示。

轮对检修线主要包括轮对自动检测机、齿轮箱高低速油清洗机、齿轮箱定量注油机、轴承退卸机、轮对除锈装置、轮对齿轮箱清洗机等设备，如图 5.6.30 所示。

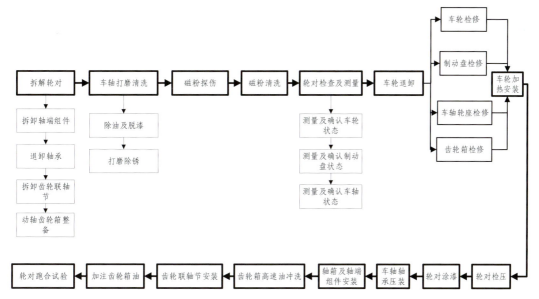

图 5.6.29　轮对检修流程

图 5.6.30　轮对检修设备

3. 构架

构架检修流水线主要对构架进一步分解、清洗、检查保养、涂漆和探伤等，如图 5.6.31 所示。

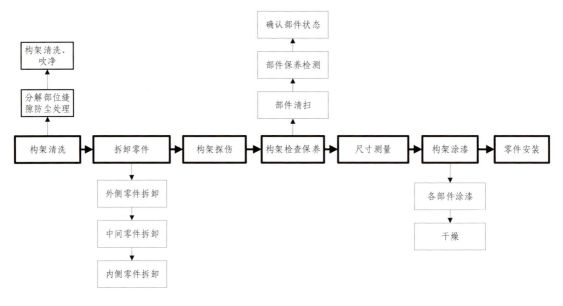

图 5.6.31 构架检修流程图

构架检修线主要包括构架输送小车、构架支撑升降装置、构架翻转装置、构架清洗吹干装置、构架探伤检查装置、构架磁粉清洗装置、构架油漆、干燥装置、构架三维尺寸检测装置等，如图 5.6.32 所示。

图 5.6.32 构架检修设备

第七节　南京市域铁路

一、线网建设情况

南京市域轨道交通规划的核心思路是在以线网层次体系分级为基础，通过综合换乘枢纽进行锚固和编织线网，使各级线网互为补充，从而高质量地满足不同特性的出行需求，支撑公交都市的构建。

根据《南京城市轨道交通线网规划（2009 版）》及修编工作，南京市轨道交通体系由城市轨道和都市圈轨道构成，共计 27 条线路，包括城市轨道 18 条，都市圈轨道 9 条。其中推进中的市域铁路（拟采用交流市域 D 型车）包括南京至滁州城际铁路（以下简称宁滁城际铁路）、南京至扬州城际轨道交通工程（以下简称宁扬城际轨道交通）和南京地铁 18 号线，线路全长约 181 km。

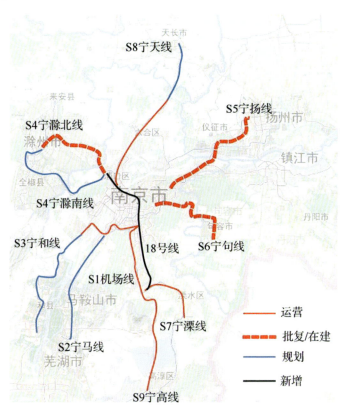

图 5.7.1　南京市域轨道交通线网示意图

二、基地设置及资源共享

（一）线网车辆基地规划

为满足宁滁城际铁路、宁扬城际轨道交通、南京地铁 18 号线运营的需要，各线基本按照"一段一场"布局检修运用设施。宁滁城际铁路设相官车辆段、洪武路停车场（远期预留），宁扬城际轨道交通设龙潭车辆基地、扬州西停车场，南京地铁 18 号线设南京北车辆段、禄口新城东停车场。

南京市域铁路线网车辆检修基地的设置方案如表 5.7.1 所示。

表 5.7.1　南京市域铁路车辆运用检修设施布局

线　路	基地名称	负责线路及功能
宁滁城际铁路	相官车辆段	本线部分配属列车的一二三级修及停放整备任务（预留高级修用地条件）
	洪武路停车场（远期预留）	本线远期部分配属列车的一二级修及停放整备任务
宁扬城际轨道交通	龙潭车辆基地	本线部分配属列车的一二三级修及停放整备任务，线网配属列车的高级修作业任务（拟与规划宁镇城际铁路共享）
	扬州西停车场	本线部分配属列车的一二级修（远期）及停放整备任务
南京地铁 18 号线	南京北车辆段	本线部分配属列车的一二三级修及停放整备任务（预留高级修用地条件）
	禄口新城东停车场	本线远期部分配属列车的一二级修（远期）及停放整备任务

（二）车辆基地工程设计

1. 功能及选址

宁滁城际铁路线路全长 55.478 km，设站 17 座，其中地下站 3 座，高架站 14 座，平均站间距 3.62 km。宁滁城际铁路全线按照"一段一场"布局检修运用设施，宁滁城际铁路滁州段一期工程在相官镇北部区域设相官车辆段，宁滁城际铁路滁州段二期工程在起点洪武路与京沪高铁之间设洪武路停车场（远期预留），如图 5.7.2 所示。

（1）相官车辆段。

相官车辆基地由车辆段和综合维修基地组成，综合维修基地包含综合维修中心和物资总库。车辆段主要负责本线车辆的停放、运用整备、一二级修、简易三级修任务。综合维修中心主要负责本线基础设施的维修和抢修工作及日常巡检、保养、临时补修及抢修作业，并配合大型养路机械作业。

相官车辆段选址于现 G104 国道以南，从相官北站接轨，具体位于高岗刘村及其周边，沿村庄呈西北—东南向布置，如图 5.7.3 所示。

图 5.7.2　南京至滁州城际铁路线路走向示意图

图 5.7.3　相官车辆段选址示意图

车辆段入段线以 12 号道岔出岔与车站越行线末端接轨，经 G104 国道路基边坡坡脚接入车辆段。出段线以 12 号道岔出岔与车站越行线始端接轨，经 G104 国道两侧机非车道绿化带后下穿宁滁城际铁路正线，再直向前接入车辆段，如图 5.7.4 所示。

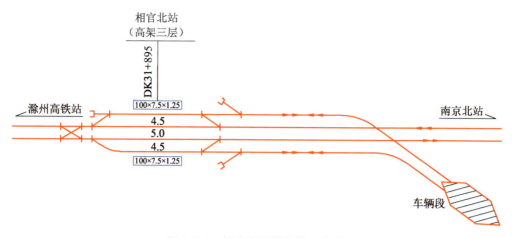

图 5.7.4　相官车辆段接轨示意图

（2）洪武路停车场（远期预留）

宁滁城际铁路二期工程远期预留洪武路停车场一处，综合维修工区与停车场合建（远期预留），隶属于一期工程综合维修中心管辖。停车场承担全线部分配属车辆的一二级修、停放、运用、整备、车辆洗刷和清扫、定期消毒及技术交接等任务。

洪武路停车场（远期预留）选址位于滁州段二期工程起点附近，洪武路与京沪高铁之间，儒林路东侧，如图 5.7.5 所示。

图 5.7.5　洪武路停车场（远期预留）选址示意图

2．车辆基地总平面布置

（1）相官车辆段总平面布置。

相官车辆段为纵列式布置，由北向南为 13 线 26 列位存车场、检修库，洗车镟轮库并列于存车场贯通式布置。如图 5.7.6 所示，检修库由 6 线 6 列位检查库、1 线 1 列位年检线，1 线 1 列位三级修/临修及辅跨和 1 线 1 列位吹扫库组成，检修库尾端设有检修综合楼。检修库东南侧为高级修预留用地。车辆段入段线处设轮对踏面及受电弓检测棚；污水处理站、特种物品库、变电所、物资总库、试车机具间布置于入段线与试车线所夹地块；综合楼、公寓等生活用房设于主出入口附近；工程车库、材料棚、汽车库、运转调度楼等生产用房设于存车场东侧。试车线全长 1 350 m，满足 70 km/h 试车要求。

相官车辆段红线占地面积约为 29.25 ha（另预留高级修用地 9.5 ha）。

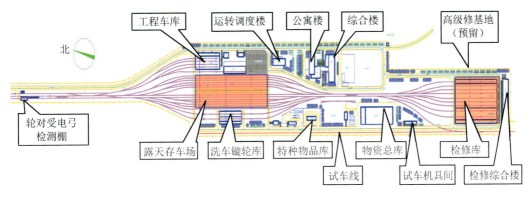

图 5.7.6　相官车辆段总平面布置图

3．车辆基地主要建筑方案

如图 5.7.7 所示，车辆段以存车场、6 线检查库、临修三级修库、洗车镟轮库、污水处理站等厂房为主体组成生产区；以综合楼和公寓楼为主体组成办公生活区，内设办公楼、食堂、宿舍等，综合楼前形成广场。相官车辆基地共设有 16 个建筑单体，总建筑面积约 44 000 m²。综合楼效果图如 5.7.8 所示。

在总平面布置图中，本着尽量集中的原则，在保证功能及工艺要求的前提下，优化建筑平面布局、空间组合，以减少主体建筑物的数量及占地规模，节约用地。同时，注重对环境及自然资源的保护，特别是绿化及自然水体的保护，注重基地内的绿化及景观设计，将建筑与山石、水池、花木巧妙地结合。建筑造型力求美观，充分体现现代建筑的特点及地方特色。

图 5.7.7　相官车辆段整体效果图

图 5.7.8 综合楼建筑方案效果图

4．洪武路停车场总平面布置

洪武路停车场为远期预留。洪武路停车场共预留两个总平面布置布置方案，远期结合用地条件、出入场线建设方案等最终确定。

1）横纵结合式布置方案

本方案为横列式与纵列式结合布置形式。如图 5.7.9 所示，相官车辆段尾端由东向西依次为 4 线检查库、10 线 10 列位存车场，检查库北侧有 5 线 10 列位存车场工程车库设于出段线侧，工程车可顺向出段，便于正线救援。洗车线尽端式布置于检查库南侧。出入段线处设轮对受电弓自动检测装置。综合楼、污水处理站、给水加压站、变电所、开闭所等单体设于出场线侧，其中综合楼靠近主出入口设置。洪武路停车场红线占地面积约 17 ha，总建筑面积约 13 800 m^2。

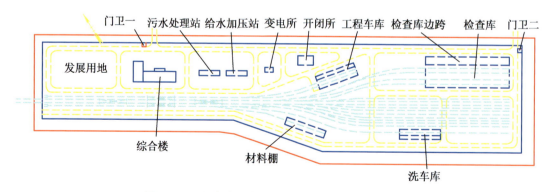

图 5.7.9 洪武路停车场横纵结合式总平面布置图

2）横列式布置方案

本方案停车场为横列式布置形式。如图 5.7.10 所示。洪武路停车场尾端由南向北依次为尽端式洗车库、10 线 20 列位的存车场、4 线检查库及辅跨；工程车库设于出场线侧，便于正线救援，材料棚设于入场线侧。综合楼、污水处理站、给水加压站、变电所、开闭所等单体设于出场线侧，其中综合楼靠近主出入口设置。洪武路停车场红线占地面积约 14.5 ha，总建筑面积约 13 800 m²。

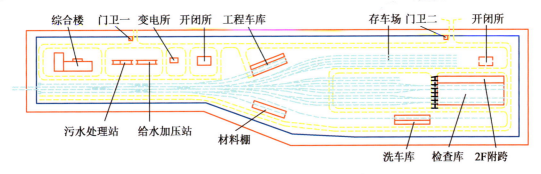

图 5.7.10　洪武路停车场横列式总平面布置图

三、主要技术创新应用

（一）规划建设南京市域铁路高级修车辆基地

车辆运用检修设施设计根据"检修集中、运用分散"的思路，按照"集约运作、节省资源"要求，并充分考虑项目建设时序、近远结合。南京市域铁路的车辆检修资源共享方案大致如下：

结合南京市及周边市域 D 型车线网建设情况，宁扬城际轨道交通龙潭车辆基地计划设置高级修检修基地。根据规划，宁镇城际（前期规划）接入宁扬城际栖霞站，宁滁城际与南京 18 号线在南京北站具备互联互通条件。而最近提出并开展前期研究的江北新区至仪征城际规划在南京北站连接南京 18 号线，在仪征接入宁扬城际天宁大道站，可与宁扬城际互联互通。这五条线可设置联络线成网，便于更大程度地实现高级修资源共享。

同时，结合各条线路的建设时序，宁滁城际铁路相官车辆段和南京地铁 18 号线南京北车辆段考虑预留高级修检修基地用地条件，后续综合考虑确定在南京或者滁州建设高级修检修基地，以达到灵活布局、统筹规划、资源共享的目的，解决南京市、滁州市、扬州市等周边配属市域 D 型车的高级修检修任务。

（二）车辆基地采用室外浅埋式综合管沟

车辆基地室外浅埋式综合管沟，是指在车辆基地地下建造一个隧道空间，将电力、通信、信号、给水、消防等各种工程管线集于一体，并设有专门的检修口、下料口。综合管沟埋入地下 0.3 ~ 0.8 m，结合管线情况考虑单舱或者双舱布置，井口内设电源箱，提供检修、移动通风、移动照明所需插座。综合管沟内积水找坡坡度纵坡设置为 2‰，汇入集水井，通过自动抽升泵井排入邻近雨水系统。

城市轨道交通车辆基地库外综合管线多采用电缆沟敷设，由于库外检修作业等易引起管沟盖板损坏，且沟内易积水、渗水，对车辆基地生产环境带来不利影响。宁滁城际铁路相官车辆段采用室外浅埋式综合管沟，降低了工程造价，节省了工期，检修便利，集中设置排水设施。综合管沟具备综合性、安全性、环保性、低成本性、可维护性等优点。工程实施过程中进行统一规划、设计、建设和管理，以做到地下空间的综合利用和资源共享。结合市域铁路车辆基地占地规模较大、长度较长等特点，综合管沟既有利于工程实际应用，又便于理论研究，具有广泛的推广应用价值。综合管沟现场如图 5.7.11 所示。

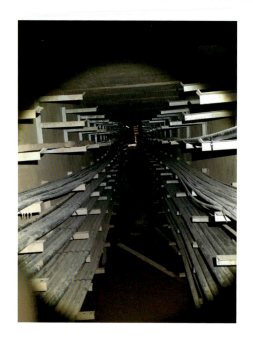

图 5.7.11　室外浅埋式综合管沟现场

（三）吹扫库采用三车同步式专用吹扫设备

吹扫库承担车辆客室内清洁和消毒以及部分车辆外皮人工补洗作业，库内设单层（中层）作业平台、轨道桥，配置三车同步式专用吹扫设备（见图 5.7.12）。

三车同步式专用吹扫设备主要是对车辆入库不解编状态下车辆底部及两侧设备仓、轮对等部件清洁处理。该吹扫设备原理是对车底及两侧的粉尘及磁粉用压缩空气将磁粉吹起后瞬间收集过滤，过滤后的气体可直接在吹扫库内排放。全程采用无水化清洁作业，三车同步作业时，两侧小车的喷吹机构上下摆动对设备舱进行喷吹，吹起的粉尘瞬间被中部小车收集，少量外溢的粉尘由两侧小车辅助收集过滤净化排放。中部小车前后端均有喷吹机构，粉尘收集在小车中间位置，前后吹起的粉尘随气流瞬间收集过滤净化达标排放，三车同步作业配合喷吹收集，粉尘收集率在 90% 左右，过滤精度达到 99% 以上，符合室内职业健康标准和环境排放标准。

该设备工作时，自动喷吹用遥控器一键式操作即可，按前进或后退键，三车开始同步行走进行作业。手动喷吹时，操作人员在操作间手持喷枪对车辆两侧和底部进行清洁，收集除尘系统瞬间将粉尘收集过滤净化达标排放。清洁工作结束后三车退回到停车位即可，全程清洁过程只需一人操作。图 5.7.13 为北京地铁 S1 线车底吹扫设备现场图。

图 5.7.12　三车同步式专用吹扫设备

图 5.7.13　北京地铁 S1 线车底吹扫设备现场图

（四）新颖的洗车/镟轮库、年检/临修/三级修库组合形式

市域 D 型车辆模式的临修库一般与不落轮镟轮库进行厂房组合，按完成单节车临修作业设计。

结合宁滁城际铁路相官车辆段采用纵列式总图布局形式，通过将镟轮库与洗车库合设于，与存车线并列通过式布置形成洗车镟轮库，洗车镟轮库兼具了洗车和镟轮的功能，可节省车辆段库区宽度，并节约车辆段用地面积，减少工程造价；同时可以保证车辆通过式洗车和镟轮的功能，作业效率高。

相官车辆段临修/三级修库主要完成故障转向架、轮对及大部件的更换、处理车辆应急故障等作业。

相官车辆段临修按满足一列车长作业设计，和年检线尽端式并列布置于临修、三级修库。

临修线配备地沟和检修作业平台，主要完成大部件的更换工作、处理车辆应急故障。

相官车辆段三级修线与临修线合并设置，配备固定式架车机，负责转向架的更换工作。

（五）车辆段上盖物业综合开发

随着城市建设的不断发展，土地资源越来越稀缺。城际铁路建设为沿线车站及车辆基地附近的土地升值提供了条件，综合开发可利用城际铁路建设拆迁用地、弃土用地和政府划拨的配套用地进行商业和房地产的开发，对轨道交通建设及城市发展均有重大意义。

车辆基地由于其占地面积大的特点，成为上盖开发的首选。车辆基地上盖物业综合开发与周边土地资源利用协调发展，将轨道交通与城市整体规划有机结合起来，在改善城市交通的基础上，优化城市功能布局，显著提高城市土地资源的综合利用效率。同时，通过开发带动周边商业发展，获得的利润又可反哺轨道交通建设和运营，使轨道交通的建设、运营形成良性循环。

宁扬城际轨道交通龙潭车辆基地位于南京市龙潭新城境内，贴近便民河北侧布置，且车辆段北侧设龙潭东站，地块具有一定的开发价值，如图 5.7.14 所示。

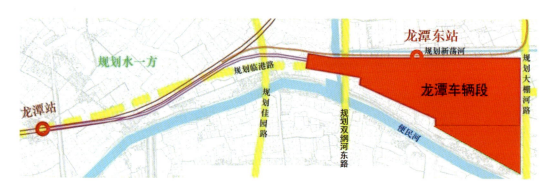

图 5.7.14　龙潭车辆基地选址示意图

结合用地条件、龙潭车辆段基地总图布置车辆段方案设计预留上盖开发条件，龙潭车辆基地综合开发方案如下：

（1）上盖综合物业开发：住宅+配套设施+小区中心景观；

（2）白地开发：沿河道、道路为商业综合体；沿上盖为高层居住和商业街区。

第六章 总结与展望

第一节 提高检修效率技术

一、基于全要素仿真的可视化规划评估

近些年随着铁路建设的推进，铁路配属动车组日益增多，机辆检修各项作业需求大幅增加，实际检修能力与设计能力不匹配的问题日益突出，动车在段所内的运用检修作业工艺流程时常受到现实中人、机、物、料、法等因素影响，导致预期检修指标不能按期完成，影响动车设施的正常检修。此外动车段所高级修扩能设计在即，车间内各部件检修流水线更为复杂，如何发现并解决设计工艺流程中的瓶颈，释放段所检修能力，是动车组运用检修工艺设计的当务之急。

国外由于路网密度小，车辆日走行公里数较少，动车组检修压力小，未开展相关研究，但在大型制造业，如汽车制造工厂 Rizk 设计了汽车混装线的运营管理可视化仿真平台，在仓储业运用仿真软件实现大型非自动化仓库的建模和仿真，均取得了较好效果。近些年在高铁动车组/地铁车辆司机驾驶仿真系统，数字化物流基地、数字化工厂，一些复杂的地铁车站也对站内外人流、物流等进行了仿真研究，均取得了良好效果。

基于可视化技术的全要素仿真技术，是结合当前全专业 BIM 设计，用于指导设计、建设、运营的适用于动车组运用检修设计全生命周期成果，可以解决工程中各因素的空间立体关系，模拟运行过程中各要素的实现情况，为设计和决策者提供优化依据，全面优化提升动车组运用检修设施工艺设计的合理性和检修效率，保证动车组的安全、高效运行，如图 6.1.1 所示。

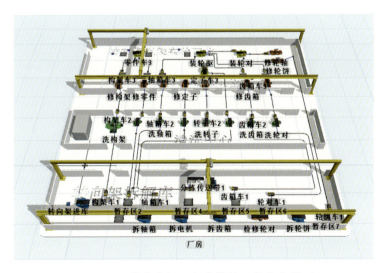

图 6.1.1　检修车间可视化检修工艺仿真模型

二、基于动车组 PHM 健康管理的状态检修

PHM（Prognostic and Health Management，故障预测与健康管理）是综合利用现代信息技术、人工智能技术的最新研究成果而提出的一种全新的管理健康状态的解决方案。

在动车组运用检修领域，系统可实现对动车组系统及关键部件的监测、诊断、健康评估及对性能演化趋势和剩余寿命的预测，能够为运用维修保障方案的制定提供合理的决策支持，以降低动车组装备运用与维修保障费用，实现提高装备安全性、可靠性和任务成功性的目的。

动车组 PHM 系统的主要功能模块和应用服务主要由 5 部分组成，包括状态监测、预警预测、应急指挥决策、视情维修决策及健康评估，如图 6.1.2 所示。

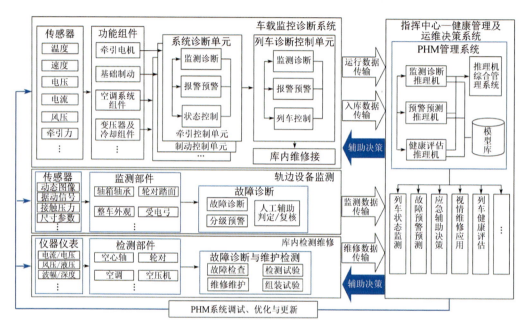

图 6.1.2　动车组 PHM 系统体系结构

1．状态监测

状态监测模块主要对动车组的车载状态参数、轨边监测数据、实时故障、历史故障、履历信息、开行计划、检修历史等进行复现。用户可以非常便捷地查询原先分散在各个系统内的碎片数据，从而能够更全面、系统地掌握动车组各个维度的信息。

2．预警预测

动车组 PHM 系统中集成了各类预警规则、预测模型和算法，并能根据诊断结果及时、智能地推送包含车组基本信息、部件位置、预警内容、预警级别、预警时间及处置情况等在内的预警信息。现阶段，动车组 PHM 系统已实现了轴箱轴承、齿轮箱、牵引电机及通风装置、客室空调、蓄电池、车轮以及 WTDS 装置等关键部件部分故障模式的预警。

3．应急辅助决策

随着动车组 PHM 系统中状态监测、预警预测等功能模块的应用，列车途中故障的应急指挥和处置水平也得到了大幅提升。应急指挥的模式逐渐由原先故障发生后等待随车机械师

电话求援的被动式响应模式向依据系统预警/告警信息提前干预的主动介入模式转变，交路人员、故障详情、实时状态参数等相关信息的流转由原先的随车机械师口头汇报为主的方式向系统自动收集、智能匹配、实时推送的方式转变。同时，应急指挥的决策过程由原先主要依赖专家经验的方式向系统智能决策和专家支持相结合的方式转变。

4．视情维修决策

视情维修决策模块是综合运用数据采集、状态监测、预警预测等功能模块的信息数据，通过加强和完善监测监控手段，研究和分析部件性能恶化规律，及时发现问题并采取相应对策。该模块能使维修措施能够更加灵活和精准，实现降低故障率、节约维修成本、缩小维修范围、减少维修工作量及提高设备可用率的一系列目标，并使维修工作变被动为主动，从而具有智能、自主的特点。

5．健康评估

健康评估模块用于对车组及部件状态进行综合评价，通过动车组部件监测参数、历史故障和部件残余寿命3个维度进行综合计算，得到动车组部件的健康状态等级。

三、基于数字工厂的智能化检修

目前，我国高铁总量占世界的三分之二，每天运营四千余列动车组，需要更高的运输品质和效率智能高铁。研究物联网、云计算、大数据、人工智能和高铁装备、建造、运营技术的深度融合，推进智能、高效、绿色的高铁发展。国家中长期科学和技术发展规划纲要也对运输智能化提出了新要求，以提供顺畅、便捷的人性化交通运输服务为核心，加强统筹规划，发展交通系统信息化和智能化。

数字化检修基地，是以中心数据库为核心，以三维图形引擎为平台，以BIM信息模型为基础，以企业数字化业务为驱动，结合物联网技术，工业大数据分析组成的综合系统管理平台，高效的使经营信息和生产信息实现无缝化、透明化、可视化，打造端对端信息融合，构建一个企业级的数字化双胞胎。动车组智能化检修平台系统架构如图6.1.3所示。

图 6.1.3　动车组智能化检修平台系统架构

基于 BIM+GIS+IOT 技术为基础，汇聚各生产单元的设备，业务应用系统（ERP，MES，SCADA，DCS）通过实时数据采集和数据驱动仿真机制，实现虚拟工厂和物理工厂的同步运行，通过虚拟工厂展示生产实况和生产实绩。进行全数据查询，通过大数据分析展开协作协同，实现生产数字化，从而促进数字化生产。

1．感知层

采用分布式光纤、SCADA，监控摄像机、传感器、射频识别（RFID）、轨旁检测设备、库内检修设备、移动和手持设备等，对动车组、关键部件、物料、设备、人等动车段的任何信息进行感知，支撑大数据的收集。

2．网络层

通过光纤宽带、工业交换机、无线 AP 等网络设备，构建高速，安全，零故障，零中断的工业级网络，如图 6.1.4 所示。

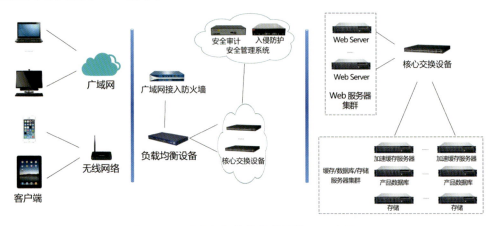

图 6.1.4　动车组智能化检修网络层示意图

3．数据层

通过感知层采集的数据，在这里聚合、共享、共用，并为各类应用提供支撑。经过结构化处理后，通过 ID 号关联到数字化动车段最基本构件模型，以构件模型为载体，组成动车段静态数据库和动态数据库，如图 6.1.5 所示。

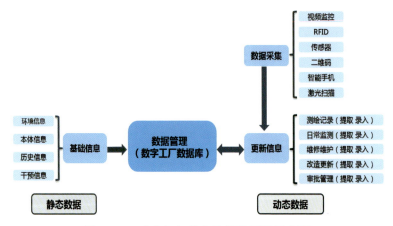

图 6.1.5　动车组智能化检修数据层示意图

4．应用层

按照生产和经营的业务流程，规则进行数据组合分类。围绕产品-动车组进行精细化的管理维护。

5．交互层

构建动车段桌面端 C/S、网页端 B/S、移动端 M/S 和集控中心。交互层通过实时的数据交互和反馈，实现端对端信息沟通。把人和数字工厂紧密地联系到一起。

四、基于可视化技术的数字化运维管理

构建动车运用检修设施数字化工厂，通过物联网收集各类信息，形成了大数据，除了支持各工位的生产以外，把数据进行结构化再处理，与动车运用检修设施 BIM 模型相结合，构建了一个三维立体的高速动车检修基地数字化智能化运维平台，让生产和经营的信息互通，让生产者和管理者之间紧密地联系在一起，打造出一个点、线、面、体的立体管理方式，形成数字化的运维平台。如图 6.1.6 所示。

图 6.1.6　动车段数字化运维管理平台

（一）数字化生产维修

1．检修计划管理

以工位为最小管理模块，通过与 MES、WMS、SCADA 等系统数据集成应用，管理者根据现场采集的数据，在运维平台上对各车间的生产计划、计划排程、物料配送路径、产品时间等综合信息管理，达到对生产过程的实时管控，在车间和企业系统之间实现信息共享。出

现异常时通过平台实时发送生产调度指令，及时调度指挥，修改排程。系统自动记录异常情况，形成大数据，方便后续汇总分析。工位管理示意图如图 6.1.7 所示。

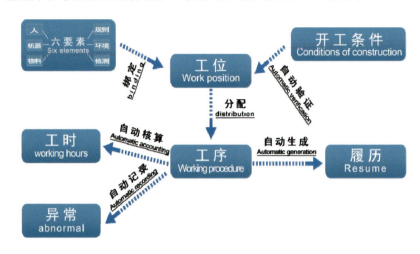

图 6.1.7　工位管理示意图

2．设备设施管理

通过读取 SCADA、DCS 等系统的后台数据库，平台对检修工艺设备及设施的运行状态进行监控，远程对设备的开停机、物料配送路径、阀门开关度等进行远程控制，实时显示设备设施相关运行数据以及计划订单完成情况等生产数据，当监控数据出现异常，运维平台发生报警，显示故障点信息，在运维平台上精确定位显示，实现用户实时监控现场生产状态的功能需求。

通过设施设备维保管理将工单信息与设备模型绑定，实现工位化管理，随时查看设备工作状态、维护人员及维护流程等信息，通过维修工单的管理，从维修计划、作业计划、作业成本、维修安排、维修（报告）记录。维修核算，完成整个维修过程的闭环。

（二）企业资产全生命周期管理

1．空间信息管理

如图 6.1.8 所示，在运维平台数字化模型中，管理者可以查看各单位，各区域的生产状态、产业布局、区域分析等，实现宏观的空信息管理；也可查看建筑内部、各区域、各楼层的相应信息，实现微观的空间信息管理；可在系统中快速定位，直观查看。根据需要，对各种地理信息、装置，设备等分类管理。通过图层设置各种显示方案，实现用户在三维场景下对信息进行图形化控制。

图 6.1.8 空间信息管理示意图

2. 设备设施资产管理

在运维平台数字化模型中，可以追踪建筑设施的历史数据，随时查看建筑设施的属性信息、文档资料等，实现所有图纸、施工数据与对应设施进行挂接；随时查看生产设备属性信息，导入设备维护计划，对维护情况记录监控，在设备即将到达维护时间节点时，系统弹出维护通知，提醒人员按照计划对设备进行维护保养，提高设备运行的稳定性及使用寿命。

3. 培训管理

利用与真实场景一样的三维可视化环境，为员工提供真实、生动地培训演练环境。同时借助虚拟现实技术（VR 技术），可为培训人员提供视觉、听觉、触觉等感官的模拟。系统可记录员工参加培训的情况，对员工培训效果进行分析统计，同时可将培训和员工绩效相结合，增加培训的灵活性，减少成本，提升效果。

第二节 新技术应用

一、车辆基地 BIM 技术应用

建筑信息化模型（BIM）的英文全称是 Building Information Modeling，是一个完备的信息模型，能够将工程项目在全寿命周期中各个不同阶段的工程信息、过程和资源集成在一个模型中，方便的被工程各参与方使用。通过三维数字技术模拟建筑物所具有的真实信息，为工程设计和施工提供相互协调、内部一致的信息模型，使该模型达到设计施工的一体化，各专业协同工作，从而降低了工程生产成本，保障工程按时按质完成。从 BIM 设计过程的资源、行为、交付三个基本维度，给出设计企业的实施标准的具体方法和实践内容。BIM 不是简单地将数字信息进行集成，而是一种数字信息的应用，并可以用于设计、建造、管理的数字化方法。这种方法支持建筑工程的集成管理环境，可以使建筑工程在其整个进程中显著提高效率、大量减少风险。BIM 就是利用创建好的 BIM 模型提升设计质量，减少设计错误，获取、分析工程量成本数据，并为施工建造全过程提供技术支撑，为项目参建各方提供基于 BIM 的协同平台，有效提升协同效率。确保建筑在全生命周期中能够按时、保质、安全、高效、节约完成，并且具备责任可追溯性。

车辆基地是地铁系统中体量最大的单项工程，其设计、施工、运维过程复杂，难以完整妥善的解决全部的问题。因此，车辆基地中模型的快速化创建显得尤为重要。

车辆基地 BIM 解决方案以 MicroStation+ ProjectWise（以下简称 PW）为协同工作平台，解决模型快速创建、管线综合与碰撞点检测、工程造价全过程管理、交互式全信息浏览及模拟、成果交付等关键技术，将车辆基地信息内容管理、权限管理、流程管理、标准管理等贯穿于车辆基地的全生命周期管理之中。车辆基地 BIM 技术思路如图 6.2.1 所示。

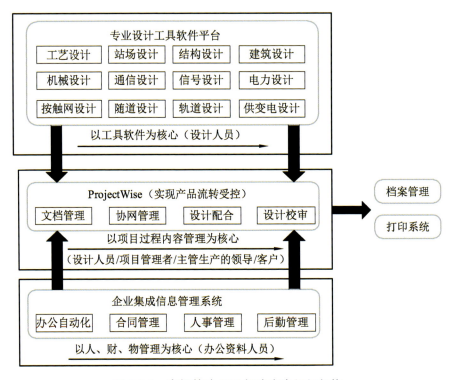

图 6.2.1　车辆基地 BIM 解决方案组织架构

车辆基地 BIM 解决方案研究内容涵盖工艺、站场、地质路基、桥梁、隧道、轨道、建筑、结构、暖通、给排水消防、强电、弱电、机械、工程经济等多个专业，工作内容包含：基地红线范围内原有道路、水系改造设计；基地的工艺设计；基地范围内房屋建筑、室内外构筑物设计、以及预埋件和预留孔洞设计；基地范围内的站场、线路、路基、通风空调、给排水和消防、低压配电（含动力和照明）等系统的工程设计；基地围墙范围内绿化景观的规划和设计；基地的综合管线设计，特殊电缆沟、电缆井的土建设计等。如图 6.2.2 和图 6.2.3 所示。

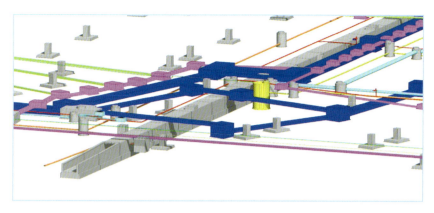

图 6.2.2　车辆基地综合管线 BIM 设计

图 6.2.3　车辆基地工艺设施设备 BIM 设计

二、车辆基地 VR 技术应用

VR（Virtual Reality）是一种计算机系统创建虚拟视觉环境的技术，它通过三维动态视景和实体行为反馈的系统仿真使用户沉浸到该环境中，仿佛身临其境。虚拟现实（Virtual Reality）技术主要包括模拟环境、自然技能和传感设备等方面。模拟环境是由计算机生成的三维模型。自然技能是指计算机处理人体行为动作的反馈和交互，并对用户的输入做出实时响应。传感设备是指三维交互设备。

VR 技术应用领域十分广泛，涵盖医学、军事、室内设计、道路桥梁和轨道交通等众多领域。轨道交通仿真就是应用虚拟现实技术模拟出从轨道交通工具的设计制造到运行维护等各阶段、各环节的三维环境，用户在该环境中可以"全身心的"投入轨道交通的整个工程之中进行各种操作，从而拓展相关从业人员的认知手段和认知领域，为轨道交通建设的整个工程节约成本与时间，提高效率与质量。

虚拟现实的制作主要可分为 BIM 中虚拟场景的建立和在 VRP 中实现漫游。虚拟场景建模主要在 3D Max 中完成对 BIM 模型的后处理，目前只要 3D Max 5.0 以上的版本都是轻易地利用 VRP-for Max 模型转换模块导入 VRP 中，3D Max 内有强大的建模和材质贴图功能，外与 VRP 的兼容性使得三维虚拟现实制作变得简单。

如图 6.2.4 所示为 BIM 模型导入 VR-Plantform 进行编辑成虚拟现实场景的过程。首先，由 Bentley 软件设计建模完成 BIM 下模型的构建，通过导出的.fbx 文件格式的模型在 3D Max 软件中编辑，利用 3D Max 软件中预装好的 VRP-for-Max 模型转换模块将 BIM 模型导入 VRP 进行三维实景模型的构建，从而建立虚拟现实的场景。

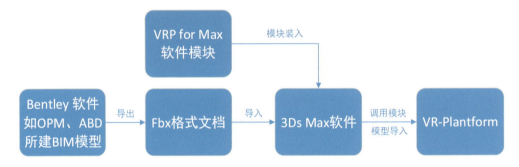

图 6.2.4　BIM 模型格式转换总体技术路线

VR 技术在车辆基地中已应用于仿真培训、车辆基地总平面及主要工艺设计中，如图 6.2.5 和图 6.2.6 所示。

图 6.2.5　动车组检修模拟 VR 效果图

图 6.2.6 余姚动车所建成 VR 效果图

三、车辆基地综合管廊

综合管廊是指设置于地面以下用于容纳两种及以上管线，设有专门的检修口、吊装口和监测系统，实施统一规划、设计、建设和管理的构造物及其附属设施。根据管线功能及用途可分为干线型综合管廊、支线型综合管廊和缆线型综合管廊，如图 6.2.7 所示。

图 6.2.7 综合管廊分类

目前全国共有 25 个试点城市被选为地下综合管廊试点城市。诸多城市正在建设的综合管廊，包括中关村西区综合管廊、上海世博园区地下综合管廊、珠海横琴综合管廊、广州大学城综合管廊、无锡高新区综合管廊及郑州 CBD 副中心等，如图 6.2.8 所示。

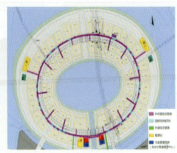

（a）上海世博园区综合管廊　　　（b）珠海横琴新区综合管廊　　　（c）郑州 CBD 副中心综合管廊

图 6.2.8　各地城市综合管廊示意

　　随着全国各市域铁路迅速发展，市域铁路车辆检修基地逐渐增加，基地室外综合管线合理布置成为研究的重点。长期以来，车辆基地各种管线的布置方式多以直埋及部分管沟的形式置于地下。在扩能、改造、维修时，对车辆基地路面进行破坏，不仅造成很大的经济浪费，给车辆运行、行人作业造成不便。车辆基地各类管网的管理模式上，则是各自为政、互不通气，管线排布失序，以至于施工、维修中相互干扰、破坏;在不同管网之间存在着交叉重复施工现象，同时，管理手段的落后，导致后续管线施工对已有地下管线情况了解不明，经常造成无谓的破坏，影响车辆基地运行和维护效率。

　　市域铁路车辆基地室外综合管线是基础设施的重要组成部分，担负着能源的输送、各种信息的传输以及各种废污的排放。车辆段工艺性管线种类多、专业性强、敷设要求复杂。综合管线合理布置对节约用地、节省能源、减少成本、提高经济效益起着重要作用，因此需要采取一种快速安装的地下综合管廊对车辆基地室外综合管线进行合理布置，满足车辆基地的发展需求。

　　车辆基地室外综合管廊促进地下空间综合利用，综合管廊管线集约化是基础设施现代化建设的发展方向，传统的管线直埋方式不但造成道路的反复开挖，而且对地下空间资源本身也是一种浪费，采用室外综合管廊的方式建设，是一种较为科学合理的建设模式。同时，随着对电力通信，供水等需求的迅速扩大，地下管线敷设更加频繁，管线数量迅速增加，造成相邻地下管线增设扩容困难，严重阻碍基础设施建设步伐，制约经济发展，一些特殊管线的安全性和可靠性得不到保障。采用地下综合管廊集约化建造模式，不仅可以有效利用地下空间，使管线敷设更加和谐有序，而且在地下综合管廊中对管线进行扩容或维修变得方便快捷。

　　为了解决管线设计、施工和全寿命周期运维问题，目前我国成都、南宁、长春等多地的地铁车辆段采用室外综合管沟的管线敷设方式，如表 6.2.1 所示。随着国民经济持续发展、土地资源的紧缺以及车辆基地管线运维问题的逐渐暴露，在室外综合管沟的基础上充分考虑其通风、采光、管线智能运维及装配式条件，在车辆基地采用室外综合管廊技术将具有良好的发展前景，如图 6.2.9 所示。

表 6.2.1 国内采用室外综合管沟的车辆基地统计表

序号	线路名称	基地名称	开通年份
1	成都地铁 2 号线	红柳车辆段	2012 年
2	成都地铁 5 号线	元华车辆段、大丰停车场	2019 年
3	长春地铁 1 号线	红柳车辆段	2017 年
4	南宁地铁 4 号线	五象车辆段	2020 年
5	宁波、苏州、南通等	——	预计 2022 年

图 6.2.9 南宁五象车辆段室外综合管沟

第三节 环境保护技术应用

一、海绵城市

由于地铁车辆基地区域的坡度、渗透性、面积等都能影响海绵城市措施的具体应用，所以在选择具体的海绵城市措施时，要首先综合分析区域的基础条件，明确使用海绵城市措施的优缺点。通过将小型海绵城市措施分散布置在区域的各个地方，可以达到控制雨水的目标。根据各区域不同的坡度、土壤、空间等条件，灵活运用海绵城市措施，单独设置或者组合使用都可以。

目前工程上常用的海绵城市技术措施如表 6.3.1 所示。

表 6.3.1　海绵城市措施比选表

序号	技术措施	雨水管理作用	适用条件				建设效果			费用	
			位置	地下水位	土壤渗透率	占地	水质净化效果	洪峰削减效果	景观效果	建设费用	维护成本
1	雨水花园	收集、入渗、净化	绿地	低	高	中等	好	好	好	低	高
2	透水铺装	入渗	步行道	低	高	无	无	好	无	高	低
3	绿色屋顶	收集、净化	建筑	无影响	无影响	无	一般	好	好	高	高
4	植被浅沟	输送、净化	道路旁	低	高	小	好	好	一般	低	低
5	人工湿地	净化	绿地	无影响	低	灵活	好	好	好	高	高
6	人工河/湖	贮存	水体	高	低	大	一般	好	好	高	高
7	雨水池/桶	贮存	地下/地面	无影响	无影响	大	无	好	无	高	低
8	生态停车场	入渗	停车场	低	高	无	一般	好	一般	高	低
9	树盒	输送、净化	行道树下	低	高	小	一般	一般	无	高	低
10	软基础雨水箱	输送、贮存	地下	无影响	无影响	小	无	好	无	低	低

本工程主要采用雨水花园、植草砖停车场、人行道透水铺装和雨水回用设施等海绵设施。

1．景观雨水花园

雨水花园是自然形成的或人工挖掘的浅凹绿地，被用于汇聚并吸收来自屋顶或地面的雨水，通过植物、沙土的综合作用使雨水得到净化，并使之逐渐渗入土壤，涵养地下水，或使之补给景观用水、厕所用水等城市用水。是一种生态可持续的雨洪控制与雨水利用设施。雨水花园的建设可参见《上海市海绵城市建设标准图集》。雨水花园概念图及设计示意图如图 6.3.1 所示。

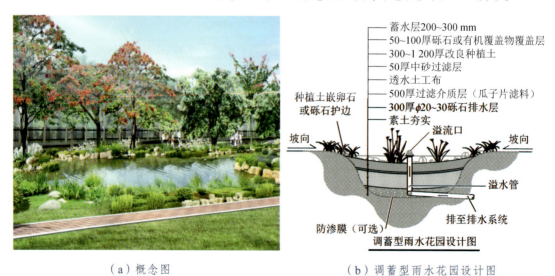

（a）概念图　　　　　　　（b）调蓄型雨水花园设计图

图 6.3.1　景观雨水花园概念图及设计示意图

2. 透水铺装

透水铺装按照面层材料不同可分为透水砖铺装、透水水泥混凝土铺装和透水沥青混凝土铺装，嵌草砖、园林铺装中的鹅卵石、碎石铺装等也属于渗透铺装。

透水铺装结构应符合《透水砖路面技术规程》（CJJ/T188）、《透水沥青路面　技术规程》（CJJ/T190）和《透水水泥混凝土路面技术规程》（CJJ/T135）的规定。透水铺装还应满足以下要求：

（1）透水铺装对道路路基强度和稳定性的潜在风险较大时，可采用半透水铺装结构。

（2）土地透水能力有限时，应在透水铺装的透水基层内设置排水管或排水板。

（3）当透水铺装设置在地下室顶板上时，顶板覆土厚度不应小于 600 mm，并应设置排水层。

透水铺装可以大量收集雨水、吸收地面扬尘，有效补充小区地下水及缓解了城市热导效应。透水铺装实现小区雨天无路面积水，还能对雨水起到净化作用，下渗的雨水通过透水性铺装及下部透水垫层的过滤作用得到净化，使得下渗的雨水得到净化。

3. 雨水回用

雨水回用是指车辆段 4 线检查库及边跨等大型屋面雨水进行收集回收利用。

雨水回用处理工艺如图 6.3.2 所示。

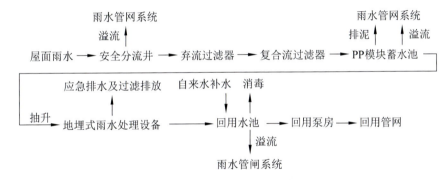

图 6.3.2　雨水回用处理工艺图

屋面雨水经处理后回用于浇洒道路、绿化等。雨水回用设施示意图如图 6.3.3 所示。

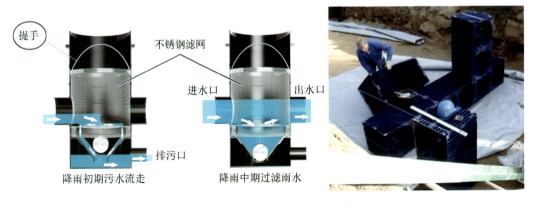

图 6.3.3　雨水回用设施示意图

二、光伏发电

1．光伏发电系统原理

光伏发电系统是利用太阳能电池的光生电势效应，将太阳能转化为电能的系统。其核心设备为光伏组件和光伏逆变器，组件将太阳辐照能量转化为直流电能，逆变器将直流电能转化为可以直接应用于生产和生活的交流电能。系统无转动部件，运行稳定可靠；不消耗燃料，无温室气体排放，无噪声，无污染。光伏发电是一种最具可持续性的可再生能源发电技术。

2．分布式光伏发电系统构成

分布式光伏发电是指在用户所在场地或附近建设运行，以用户自发自用为主、多余电量上网且在配电网系统平衡调节为特征的光伏发电设施，实行"自发自用、余电上网、就近消纳、电网调节"的运营模式（国能新能〔2013〕433 号）。国家优先支持在用电价格较高的工商业企业、工业园区建设规模化的分布式光伏发电系统（国务院关于促进光伏产业健康发展的若干意见〔2013〕）。分布式光伏发电系统构成如图 6.3.4 所示。

图 6.3.4　光伏发电系统组成

分布式光伏发电系统按主要功能分包括以下三类设备：

（1）光电转换和汇集系统：包括光伏组件、汇流箱等，其功能是将太阳辐射量转换为直流电能，并汇集、输送至直流配电柜。

（2）逆变、并网及其控制系统：包括直流配电、逆变、升压、交流配等设备。

（3）监控和通信系统：包括气象数据监控、电能数据监控、电能质量数据监控等设备。

3．分布式光伏发电系统实施

因用户所在场地或附近土地资源一般有限，所以通常所说的分布式光伏发电系统应用主要是指光伏建筑一体化系统，是将光伏组件安装在建筑物的围护结构外表面来提供电力的系统，根据光伏组件与建筑物结合的方式不同，一般分为 BIPV 和 BAPV 两种应用形式。

BIPV 的主要特征是：光伏组件作为建筑材料的形式，与建筑物集成在一起，是建筑物不可分割的一部分，如光伏幕墙等；

BAPV 的主要特征是：光伏组件附着于建筑物表面，建筑物对光伏组件其支撑和固定作用。

其中 BAPV 是一种常用的形式，特别是与建筑屋面相结合的应用系统，是在我国中东部城市中的工业园区、商场、大型公共建筑等应用的最佳方式。本文下述的即为 BAPV 的应用形式。

4．光伏组件安装形式

根据不同的屋顶结构可采取组件平铺、倾斜铺设等方式。

对于彩钢瓦屋面，一般采用组件平铺的形式，如图 6.3.5 所示；但也可采用组件倾斜安装形式，如图 6.3.6 所示。对于水泥屋面屋顶，为了发电效益最大化，可采用组件倾斜安装，如图 6.3.7 所示。

图 6.3.5 彩钢瓦屋面组件平铺安装

图 6.3.6 彩钢瓦屋面组件倾斜安装

图 6.3.7 混凝土屋面组件倾斜安装

参考文献

[1] 李加祺，邱建平，杨辉，田向阳. 市域铁路车辆检修模式及检修设施探讨[J]. 中国铁路，2018（08）：83-87.

[2] 邱绍峰，邱文展，王华成. 我国市域铁路总体设计特点[J]. 中国铁路，2018（08）：11-16.

[3] 刘高坤. 市域铁路车辆修造基地工艺设计[J]. 城市轨道交通研究，2020（01）：155-157.

[4] 李经伟. 城市轨道交通车辆基地室外综合管廊设计研究[J]. 现代城市轨道交通，2019（10）：61-66.

[5] 葛钰. 市域铁路 D 型车车辆段的设计及创新[J/OL]. 铁道标准设计，2019（11）：1-6.

[6] 陈波，林飞，蔡超勋. 市域铁路限界研究[J]. 铁道建筑，2019，59（03）：136-140.

[7] 刘辉. 市域铁路基础设施维修模式研究[J]. 中国铁路，2018（08）：93-97.

[8] 莫骏. 市域铁路车站自动扶梯选型及工艺设计关键技术标准研究[J]. 中国铁路，2018（08）：98-102.

[9] 李秋义. 市域铁路轨道系统关键技术创新[J]. 中国铁路，2018（08）：34-40.

[10] 蒋行球. 关于市域铁路技术标准体系及其发展思考[J]. 铁道建筑技术，2018（06）：110-114.

[11] 陈小鸿，刘迁，何志工，景国胜，郑猛，杨涛. 市域轨道交通快线规划与建设——中国城市交通发展论坛第 22 次研讨会[J]. 城市交通，2019，17（04）：114-125.

[12] 蒋春生. 市域铁路运营组织模式及越行站配线研究[J]. 综合运输，2019，41（03）：37-41.

[13] 罗金泉. 台州市域铁路 S2 线头陀地区线路通道和站位方案研究[J]. 河南科技，2019（05）：106-108.

[14] 匡经桃. 台州市域铁路 S1 线路基设计探讨[J]. 山西建筑，2019，45（03）：140-142.

[15] 解振全. 台州市发展市域（郊）铁路适应性分析[J]. 交通企业管理，2018，33（05）：58-60.

[16] 罗伟，娄会彬. 市域铁路轨道减振方案研究[J]. 中国铁路，2018（08）：53-58.

[17] 王京. 台州机场连接线引入台州机场通道方案研究[J]. 智能城市，2019，5（20）：59-60.

[18] 符倍维. 上海机场联络线浦东段线路敷设方式研究[J]. 河南科技，2019（05）：99-102.

[19] 朱彬，全顺喜. 市域铁路道岔及岔区轨道结构设计[J]. 中国铁路，2018（08）：46-52.

[20] 中国铁道学会. 市域铁路设计规范：TCRSC 0101—2016[S]. 北京：中国铁道学会，2017.

[21] 上海交通运输行业协会. 上海市域铁路设计规范（试行）：T/SHJX 002—2018[S]. 上海：上海交通运输行业协会，2018.

[22] 中国土木工程学会. 市域快速轨道交通设计规范：TCCES2—2017[S]. 北京：中国土木工程学会，2017.

[23] 黄建平. 市域铁路牵引供电方案[J]. 电气化铁道，2019，30（01）：16-19.

[24] 宋唯维，余攀. 温州市域铁路系统制式研究[J]. 中国铁路，2019（01）：78-83.

[25] 金肖燕. 绍兴市域列车开行运输组织研究[J]. 上海铁道科技，2018（03）：167-168+138.

[26] 包晓红. 市域轨道交通车辆选配、检修一体化研究[J]. 中国铁路，2018（08）：88-92.

[27] 王昊，徐晓燕. 市域快速轨道交通设计选型思考[J]. 科技经济市场，2019（09）：20-23.

[28] 蒋春生. 市域铁路运营组织模式及越行站配线研究[J]. 综合运输，2019，41（03）：37-41.

[29] 张渝，彭建平，肖杰灵等. 轮轨接触状态可视化检测装置研究及试验[J]. 光电工程，2009，36（09）：56-60.

[30] 杜运国，苟长飞，史吏，陈致远，姜建伟. 市域高架铁路不同轨道结构的特征频率及弹性不平顺对比研究[J]. 浙江工业大学学报，2020，48（06）：633-639+669.

[31] 周磊，李秋义，韩志刚. 温州市域铁路减振扣件设计研发[J/OL]. 铁道标准设计：1-7[2020-12-07]. https：//doi. org/10. 13238/j. issn. 1004-2954. 202003240001.

[32] 张鸿. 市域快速轨道交通系统制式比选分析[J]. 城市交通，2020，18（01）：31-35.

[33] 李彬，叶新晨. 市域（郊）铁路车辆选型研究[J]. 城市交通，2020，18（01）：36-43.

[34] 邓志翔. 市域轨道交通供电系统设置电分相对于相关专业的影响分析[J]. 城市轨道交通研究，2019，22（12）：89-91+95.

[35] 周宇冠. 温州市域铁路 S1 线[J]. 铁道建设企业管理，2019（04）：27-29.

[36] 吴炳毅，周冠宇. 温台沿海城市群城际铁路台温连接线行车组织方案分析[J]. 城市轨道交通研究，2019，22（08）：13-18.

[37] 刘烈锋. 市域铁路段场布点对收发车效率的影响分析[J]. 铁道勘测与设计，2019（02）：57-61.

[38] 丁建宇. 温州市域铁路发展与思考[J]. 都市快轨交通，2018，31（04）：6-10+15.

[39] 曲思源. 利用铁路既有线开行宁波——余姚市域列车运营组织分析[J]. 铁道经济研究，2018（04）：21-25.

[40] 杜运国，卢生安. 温州市域铁路交通引导发展（TOD）模式应用研究[J]. 城市轨道交通研究，2018，21（05）：139-142+152.

[41] 刘魁. 市域铁路多网融合解决方案[J]. 都市快轨交通，2017，30（05）：103-108+117.

[42] 可心萌，吕蒙，高浩. 市域铁路轨道车转向架总体设计与动力学分析[J]. 机械，2017，44（09）：1-4.

[43] 黄树明. 城市轨道交通市域线速度目标值研究[J]. 城市轨道交通研究，2017，20（07）：65-68.

[44] 李凯. 温州市域铁路开行大站快车越行站站型方案研究[J]. 铁道勘测与设计，2017（02）：22-26.

[45] 闵国水. 台州市域铁路 S1、S2 线系统制式选择研究[J]. 中国铁路，2015（12）：83-88.

[46] Lin Luo, Yang Yang,Jianping Peng, Jing Li, Xiaorong Gao, Kai Yang, Jinlong Li. Ultrasonic weighted imaging of synthetic aperture focusing technique based on the correlation of signals[A]. IEEE、IEEE Beijing Section.Proceedings of 2013 Far East Forum on Nondestructive Evaluation/Testing: New Technology & Application[C]. IEEE、IEEE Beijing Section:IEEE BEIJING SECTION（跨国电气电子工程师学会北京分会），2013：6.

[47] Chaoyong PENG, Xiaorong GAO, Zeyong WANG, Quanke ZHAO, Yu ZHANG, Jianping PENG, Kai YANG. Railway Wheel Defect Dynamic Inspection System Based on Ultrasonic Technology[A]. IEEE、IEEE Beijing Section.Proceedings of 2013 Far East Forum on Nondestructive Evaluation/Testing: New Technology & Application[C]. IEEE、IEEE Beijing Section: IEEE BEIJING SECTION（跨国电气电子工程师学会北京分会），2013：4.

[48] 周广浩，阮巍，曹向静，李森林. 浅谈市域 D 型车轮对检修及设备配置方案[A]. 中国城市科学研究会数字城市专业委员会轨道交通学组. 智慧城市与轨道交通 2020[C].：中城科数（北京）智慧城市规划设计研究中心，2020：6.

[49] 蔡承默，顾小山. 既有线改造市域铁路车辆检修基地布局方案分析探讨[J]. 中国铁路，2020（05）：16-21.

[50] 严飞. 市域铁路制式选择对车辆基地影响分析[J]. 铁道标准设计，2018，62（06）：176-180.

[51] 胡仁兵. 市域铁路制式选择分析[J]. 铁道工程学报，2014（06）：99-103.

后　记

随着我国城市化进程的加快，城市中心区人口越来越密集，市域铁路已经成为大城市调整产业结构、引导卫星城发展、规划居民迁移、实现经济可持续发展的重要手段。近年来，京津冀、长江三角洲、珠江三角洲三大城市群之间已经基本建成城际交通网络，相邻核心城市之间、核心城市与周边节点城市之间实现快速通达。未来将围绕构建城镇化地区内部综合交通网，优先发展城市公共交通，建设城市轨道交通和市域（郊）铁路。

市域铁路作为我国高速铁路和城际铁路网的重要补充，将极大地提高城市内或相邻城市之间组团与组团之间的交流，是我国轨道交通未来的重要发展方向。随着各城市市域线由单一线路逐步完善成网、配属车辆的不断增加，如何统筹近远期车辆运用检修基地建设规模、最大化实现检修资源共享是市域铁路建设时应该关注的重点之一。

目前 BIM、VR、AR、3D 打印、5G、机器人、物联网等技术已逐渐向轨道交通行业延伸，基于动车组 PHM 健康管理的状态修、基于数字工厂的智能化检修、基于可视化技术的数字化运维管理等技术应用可进一步提高市域车辆的检修效率，减小了劳动强度。对综合管廊、海绵城市、光伏发电等技术的应用体现了我国"以人为本""可持续发展"理念，旨在构建环境友好型、资源节约型车辆基地，紧跟重环保、重人文关怀的社会发展趋势。

市域铁路正向着智能化、数字化、精益化的方向发展，相关技术及装备将随着市域铁路的发展不断趋于成熟并不断应用，从而促进市域铁路更加健康、持续发展。